ENCONTRANDO A MISSÃO DA ALMA

A PSICOTERAPIA REENCARNACIONISTA E
A ESPIRITUALIDADE ABRINDO CAMINHOS

Editora Appris Ltda.
1.ª Edição - Copyright© 2020 dos autores
Direitos de Edição Reservados à Editora Appris Ltda.

Nenhuma parte desta obra poderá ser utilizada indevidamente, sem estar de acordo com a Lei n°
9.610/98. Se incorreções forem encontradas, serão de exclusiva responsabilidade de seus organi-
zadores. Foi realizado o Depósito Legal na Fundação Biblioteca Nacional, de acordo com as Leis nos
10.994, de 14/12/2004, e 12.192, de 14/01/2010.

Catalogação na Fonte
Elaborado por: Josefina A. S. Guedes
Bibliotecária CRB 9/870

H634e
2020
	Higa, Marcio
	    Encontrando a missão da alma: a psicoterapia reencarnacionista e a espiritualidade abrindo caminhos / Marcio Higa. - 1. ed. – Curitiba: Appris, 2020.
	    102 p. ; 21 cm - (Artêra).
	
	    Inclui bibliografias
	    ISBN 978-65-5523-084-0
	
	    1. Espiritualidade. 2. Espiritismo. I. Título. II. Série.
	
	                                                          CDD – 248

Appris editora

Editora e Livraria Appris Ltda.
Av. Manoel Ribas, 2265 – Mercês
Curitiba/PR – CEP: 80810-002
Tel. (41) 3156 - 4731
www.editoraappris.com.br

Printed in Brazil
Impresso no Brasil

Marcio Higa

ENCONTRANDO A MISSÃO DA ALMA

A PSICOTERAPIA REENCARNACIONISTA E
A ESPIRITUALIDADE ABRINDO CAMINHOS

FICHA TÉCNICA

EDITORIAL	Augusto V. de A. Coelho
	Marli Caetano
	Sara C. de Andrade Coelho
COMITÊ EDITORIAL	Andréa Barbosa Gouveia (UFPR)
	Jacques de Lima Ferreira (UP)
	Marilda Aparecida Behrens (PUCPR)
	Ana El Achkar (UNIVERSO/RJ)
	Conrado Moreira Mendes (PUC-MG)
	Eliete Correia dos Santos (UEPB)
	Fabiano Santos (UERJ/IESP)
	Francinete Fernandes de Sousa (UEPB)
	Francisco Carlos Duarte (PUCPR)
	Francisco de Assis (Fiam-Faam, SP, Brasil)
	Juliana Reichert Assunção Tonelli (UEL)
	Maria Aparecida Barbosa (USP)
	Maria Helena Zamora (PUC-Rio)
	Maria Margarida de Andrade (Umack)
	Roque Ismael da Costa Güllich (UFFS)
	Toni Reis (UFPR)
	Valdomiro de Oliveira (UFPR)
	Valério Brusamolin (IFPR)
ASSESSORIA EDITORIAL	Renata Miccelli
REVISÃO	Andrea Bassoto Gatto
PRODUÇÃO EDITORIAL	Lucas Andrade
DIAGRAMAÇÃO	Bruno Ferreira Nascimento
CAPA	Giuliano Ferraz
COMUNICAÇÃO	Carlos Eduardo Pereira
	Débora Nazário
	Kananda Ferreira
	Karla Pipolo Olegário
LIVRARIAS E EVENTOS	Estevão Misael
GERÊNCIA DE FINANÇAS	Selma Maria Fernandes do Valle
COORDENADORA COMERCIAL	Silvana Vicente

A DEUS; aos meus antepassados; aos meus pais, Seishin e Genny (in memoriam); à minha esposa, Regina; e às minhas filhas, Laís e Sofia (in memoriam, *mentora desta jornada*).

AGRADECIMENTOS

A todos os mestres e irmãos de jornada, encarnados e desencarnados, que fizeram parte desta caminhada até aqui.

Agradeço a todas as dificuldades que enfrentei; não fosse por elas, eu não teria saído do lugar. As facilidades nos impedem de caminhar. Mesmo as críticas nos auxiliam muito (Chico Xavier).

PREFÁCIO

O meu amigo e irmão Márcio Higa abre seu coração neste livro e nos conta a história de sua vida. É preciso coragem para isso. Não é à toa que o Márcio é chamado por nós de "Samurai". É um guerreiro da Luz, e como um bom guerreiro vai sempre em frente, ultrapassando com galhardia os desafios da vida e colhendo as pedras do caminho para, com elas, construir o seu castelo de Amor.

Desde a infância a vida dele é um exemplo de superação, de como levar a vida de uma maneira adequada às circunstâncias que lhe são proporcionadas, de vencer a si mesmo, o que vai acontecendo, alegrias, tristezas, derrotas, vitórias, ganhos, perdas, enfim, uma vida terrena.

Até que, um dia, o seu íntimo começa a lhe pressionar e Márcio, como bom guerreiro, vai abrindo mão da comodidade do estabelecido, o que chamamos de "zona de conforto", que, na verdade, muitas vezes é uma "zona de desconforto", e seguindo o que seu Eu verdadeiro está lhe pedindo. Acertada decisão, mano Márcio! Graças a isso, hoje em dia o nosso "Samurai" é brilhante ministrante de curso e coordenador nacional dos Grupos de IINP da ABPR.

Mas, Márcio, uma coisa você me prometeu e eu vou lhe cobrar: lembra que me disse que, um dia, iria levar a Psicoterapia Reencarnacionista para o Japão? Levo fé, mano!

Mauro Kwitko, médico autolicenciado do Conselho Regional de Medicina, fundador e presidente da Associação Brasileira de Psicoterapia Reencarnacionista (ABPR)

SUMÁRIO

INTRODUÇÃO 15

CAPÍTULO 1
PROFISSÃO:
TERAPEUTA 19

CAPÍTULO 2
SOFIA 27

CAPÍTULO 3
CULTO AOS ANTEPASSADOS 33

CAPÍTULO 4
MEDIUNIDADE 41

CAPÍTULO 5
PSICOTERAPIA REENCARNACIONISTA:
UMA NOVA FILOSOFIA DE VIDA 47

CAPÍTULO 6
DIRCEU DA COSTA:
MENTOR "PRETO VELHO" 57

CAPÍTULO 7
LAIS:
UMA CRIANÇA DA NOVA ERA 59

CAPÍTULO 8
TAI CHI CHUAN (*):
ARTE MARCIAL, GINÁSTICA E
MEDITAÇÃO EM MOVIMENTO 65

CAPÍTULO 9
CONSTELAÇÃO
FAMILIAR OU SISTÊMICA   69

CAPÍTULO 10
GRUPOS DE IINP
(INVESTIGAÇÃO DO INCONSCIENTE
NÃO PESSOAL)   73

CAPÍTULO 11
REIKI:
O MÉTODO DE CURA DE JESUS   83

CAPÍTULO 12
TEMPLO DO ARCANJO ARIEL   91

CAPÍTULO 13
INSTITUTO SOFIA HIGA   95

CAPÍTULO 14
A MISSÃO DA ALMA   99

INTRODUÇÃO

Agradeço a DEUS, aos Mentores Espirituais, com a permissão da Espiritualidade, por essa oportunidade de estar redigindo este livro.

O objetivo não é vender milhares de exemplares e atingir o topo da lista dos 10 mais vendidos e, sim, mostrar que uma pessoa comum, fazendo uma coisa que é considerada incomum, como editar um livro, pode conseguir o que quiser, não sendo necessário ser um expert no assunto ou uma celebridade para tal intento.

O propósito deste livro é convidar os leitores a entrar em contato com o Espírito (Alma) de cada um e trazer esclarecimentos a respeito de como aproveitarmos a atual encarnação, o que é completamente diferente de aproveitarmos a vida, ou seja, os prazeres da matéria.

Isso não significa que devamos abrir mão desses prazeres. Pelo contrário, vamos vivenciá-los de maneira consciente e apropriada, afinal, estamos encarnados.

Conforto e bem-estar são sensações que o Espírito também aprecia. Por isso, não há nada de errado em possuir bens materiais, desde que isso não seja prioridade nas questões vivenciais.

Essa ideia de que só o pobre chega ao Reino dos Céus nada mais é que pura demagogia da nossa cultura religiosa, em que se confunde humildade com desvalorização.

"DEUS criou a abundância e o Homem, a escassez" (Roberto A. Trajan).

Esta frase revela a humanidade atual, na qual, apesar da abundância, existem diferenças entre países desenvolvidos e subdesenvolvidos, povos de 1º, 2º e de 3º mundo.

A pobreza e a miséria ainda imperam em vários povos, mesmo com toda a evolução tecnológica.

O maior desafio de nossa Missão de Alma é deixar o Espírito no comando, ou seja, o EU SUPERIOR como diretor, e o eu inferior, que é a ilusão de acharmos que somos a persona (pessoa) atual, subordinada a ELE.

Devido às várias crenças religiosas que existem, a Reencarnação é encarada como aspecto religioso, sendo o Espiritismo o que mais se aproxima nesse paradoxo, juntamente a outras religiões reencarnacionistas, e mesmo assim, muitos espíritas acreditam na Reencarnação, mas não a vivenciam, ou seja, não a encaram com uma Visão Reencarnacionista, que nada mais é do que o real aproveitamento da encarnação.

Apesar de muitos leitores discordarem, a Reencarnação é uma das Leis Divinas. Quer acreditem ou não, ela existe! Não querendo impor o meu ponto de vista, longe disso, pois não sou dono da verdade, o mundo em que vivemos é uma prova clara disso.

Se DEUS é justo, somos filhos Dele e iguais perante a ELE, por que há tantas diferenças sociais, culturais e econômicas na humanidade?

Qual a explicação que se dá a pessoas que nascem com deficiências físicas, em comunidades miseráveis e carentes, de etnias diversas; e, outras, são paridas saudáveis, em lares luxuosos e confortáveis, ambiente ideal e totalmente favorável?

A lógica da Reencarnação responde a isso tudo.

Somos Espíritos eternos e vivenciamos várias encarnações (vidas), nas quais muitos resgates e ajustes são feitos conforme cada vivência, respeitando as Leis Divinas: Finalidade, Necessidade, Merecimento, Resgate, Retorno e Similaridade de cada indivíduo.

A Lei da Ação e Reação reforça esse quadro.

Se cometemos algum deslize, e conforme as consequências advindas, o acerto de contas poderá ser feito na encarnação em que se está ou em outra posterior, ou seja, a "fatura" será "quitada" algum dia!

Há religiões que tentam explicar tal fato afirmando que a consequência disso tudo se deve ao Pecado Original, no qual Adão é o principal responsável, e somos "pagadores desse erro". Outras dizem que somos apenas o corpo físico e assim que ele falece é o fim da linha, ou seja, o Espírito inexiste.

Como todos temos o Livre-Arbítrio, o maior poder que DEUS nos deu, não vamos entrar no mérito da discussão sobre crenças religiosas, pois na Casa do Pai há várias moradas.

Capítulo 1

PROFISSÃO: TERAPEUTA

Inicia-se o ano de 2004, e pelo Horóscopo Chinês é o Ano do Macaco, signo do qual faço parte, pois os nativos dos anos de 1908, 1920, 1932, 1944, 1956, 1968, 1980, 1992 e 2004 completam o ciclo em que nasci, em 26/08/1968, às 18h.

Segundo a tradição, a cada 12 anos muitos fatos marcantes ocorrem durante esse ano considerado especial, e comigo não foi diferente.

Aos 12 anos de idade (1980) vivenciei meu pai construir a nossa casa própria tão almejada.

Com 24 anos (1992) fui morar no Japão e trabalhei como dekasegui, operário de serviço "braçal", de domingo a domingo, por 14 meses, quando consegui fazer um bom "pé de meia".

Aos 36 anos (2004) foi o ano do meu matrimônio e muitas mudanças radicais aconteceram, e a mais marcante foi quando me questionei a respeito da minha profissão à época.

Infeliz e insatisfeito, comentei com minha esposa, Regina, que tinha muitas dúvidas em relação ao que estava me submetendo no trabalho – viajava 120 km por dia –, e alguma coisa me dizia que deveria rever os meus princípios em relação à profissão.

Em maio de 2004, finalmente encontrei minha verdadeira profissão! Algo que realmente tocou o fundo da minha Alma, em nome de um propósito muito maior do que dar o sustento familiar: o sentimento de ser útil a mim e ao próximo.

Isso começou quando Lucia e Kiyomi Uechi, irmãs e primas da Regina, iniciaram um curso de Reflexologia Podal[1], terapia alternativa ou complementar, de origem chinesa, que cuida da saúde física e emocional das pessoas.

Como elas estavam realizando o curso e necessitavam praticar a técnica, submeti-me ao tratamento como "cobaia" de Lúcia, que cuidou da parte física, e de Kiyomi, que cuidou da parte emocional.

O objetivo, a princípio, foi tentar uma solução para a calvície precoce, que recebi como "herança" de meu bisavô e avô paterno. Como se trata de um distúrbio hereditário, a Reflexologia não fez muito efeito, mas, em contrapartida, os resultados em termos de equilíbrio físico e emocional foram notórios.

As satisfações, nesses aspectos, foram decisivas para que me interessasse em estudar essa terapia tão eficiente.

Nesse mesmo período, iniciou-se uma turma de formação em Reflexologia, que foi a chave da porta de entrada para o Universo das Terapias.

Desde o primeiro módulo do curso, algo diferente aconteceu. Depois de várias trilhas caminhadas, fui ao encontro do trabalho que faz parte da minha missão nesta vida: "estar" terapeuta. Mas até chegar aqui foram várias tentativas e muitas experiências adquiridas.

Desde os 10 anos de idade ajudava meus avós paternos, pois nesta época (1980) morava com eles, devido ao fato de meu pai ter construído nossa casa distante dali, onde até então morávamos nos fundos desta casa (dos meus avós), e continuei estudando na mesma escola.

Como tinha vários primos que moravam na mesma rua, minha infância e adolescência foram vividas ali.

Vovó vendia especiarias na feira e vovô era vendedor ambulante, sendo o produto principal nessa empreitada o alho. Ajudava-os nos preparativos das especiarias, desde o descascamento até a embalagem e o estoque.

---

[1] *www.reflexologia.net.br*

Foi aí que se iniciou a minha vida profissional.

Recebia uma "mesada" dos meus avós como forma de pagamento e gratidão, mais a hospedagem, afinal, era morador da casa; privilégios que renderam muitas broncas de mamãe, pois ela achava que o fato de ser morador não me dava direito à "mesada". Mas vovó fazia questão de me pagar, mesmo sabendo das broncas que recebia, e foi dessa forma que eles me ensinaram o valor do trabalho e da honestidade, e que assim eu teria sucesso e prosperidade.

Hoje sou muito grato a eles! Não é por acaso que continuam me acompanhando como protetores espirituais.

Estudei o 2º grau e me formei Técnico em Mecânica Industrial, na Escola Técnica Federal de São Paulo (1987), e meu primeiro emprego nessa profissão foi como estagiário em duas empresas: Panambra (Instrumentos Eletrônicos) e Metrô de SP (Pátio Jabaquara).

Em 1989, trabalhei na Itautec Informática, até o final de 1990. Na mesma época ingressei na Universidade São Judas Tadeu, para cursar Engenharia Mecânica. Devido à alta inflação da época (Plano Collor), nosso departamento foi praticamente extinto e senti o "gosto" da primeira demissão.

Vem o ano seguinte (1991), segundo ano de faculdade e, desempregado, tive de recorrer ao meu pai, pois o seguro desemprego estava se esgotando.

Chega o final do ano, eu ainda sem emprego, "tomo bomba" na faculdade. Meus melhores amigos, Tuim e Biba, resolvem se aventurar no Japão como dekaseguis e, para completar a desgraça, "tomo um pé na bunda" da namorada!

Começa o ano de 1992, mês de março, sem muitas perspectivas, resolvo acompanhar meus amigos e vou até o Japão também, pois pior que estava não poderia ficar.

Por incrível que pareça, fui por intermédio da mesma pessoa que os agenciara à época, e acabei indo para o mesmo lugar onde meus amigos estavam, com emprego na mesma empresa e moradia no mesmo apartamento. A intenção era ficar por dois anos, pois havia trancado a matrícula na faculdade, e o objetivo era voltar a estudar assim que retornasse, mas acabei ficando só até maio de 1993 – um ano e dois meses depois.

Nessa época, trabalhava de domingo a domingo, praticamente sem folga, e consegui juntar uns bons trocados. Mandava o dinheiro aos meus pais e consegui comprar dois carros seminovos e um terreno, coisa que no Brasil seria praticamente impossível nesse curto espaço de tempo.

Como houve uma mudança na empresa e os trabalhadores brasileiros foram substituídos por estudantes recém-formados, fui transferido para um setor em que não havia horas extras, fator diferencial que duplicava o salário, acontecimento que foi decisivo em antecipar minha volta à pátria. Ainda, recebi a notícia de que minha tia e madrinha, Kyo, estava nas últimas, devido a um câncer de mama.

Retornei e ainda tive o privilégio de participar dos últimos oito meses de sua vida, levando-a ao Hospital do Câncer e a diversos lugares para tratamento. Enfim, fiz parte de sua história, e ela desencarnou em 18/03/1994.

Retornei à faculdade e resolvi trocar de curso, de Engenharia Mecânica para Ciência da Computação. Nessa época, outro amigo meu, o Shigueru, convida-me a ajudá-lo em sua loja de automóveis utilitários (Kombis), onde trabalhei até o final de 1995. Mas o fato marcante nessa passagem foi conhecer a Regina, minha esposa, que era funcionária do extinto Banco América do Sul, na Rua Orfanato/ Vila Prudente, do qual éramos clientes na época.

No ano seguinte (1996), iniciei um estágio de um ano na Pró--Computer, empresa de comércio, assistência e suporte técnico em microcomputadores.

Vem 1997, novembro, e sou contratado pela Vunesp (Fundação para o vestibular da Unesp), para trabalhar no Departamento Pessoal, ficando até março de 1999, devido a mais uma demissão.

Outro acontecimento marcante nessa passagem foi ter conhecido o Hilton, antigo colega de trabalho e, hoje, marido de minha irmã, tendo sido eu o verdadeiro "cúpido do amor".

Em abril, vem outro estágio na área de informática, na Spectrum Engenharia de Sistemas, onde fiquei apenas três meses. Motivo: demissão novamente!

Depois de alguns meses de "férias", chega outubro, e um amigo do meu tio, o Carlos K. Arakaki (um dos melhores chefes e pessoas com quem convivi na vida), convida-me para trabalhar na Tekcom Telecomunicações, empresa que prestava serviços à BCP (primeira operadora de telefonia celular no Brasil – hoje é a Claro).

No final de 1999 me graduo em Ciência da Computação, e no ano seguinte (2000) inicio a Pós-Graduação em Telecomunicações, finalizando o curso em junho de 2001, também na Universidade São Judas Tadeu.

Trabalhei por dois anos e meio na Tekcom, e para variar, o motivo da minha saída foi demissão... Arakaki era o gerente do setor e estava me preparando para substituí-lo, pois ele estava montando a sua própria empresa. Estava praticamente acertado com a diretoria de que eu seria o novo gerente, mas, para minha surpresa, anunciaram outra pessoa, que acabou me dando "cartão vermelho".

Enfim, coisas da vida, e hoje me é muito claro de que nada é por acaso!

Mas, pelo menos, essa foi a última demissão até agora...

Na época dessa nova demissão tinha planos de casamento, mas isso foi adiado. Enfim, não era para ser... Como já disse, nada é por acaso!

Alguns meses de "férias" e chega 2003. Já em janeiro, o ex-diretor da Tekcom (Sr. Marin) me contrata para trabalhar na empresa de locação de geradores de energia que ele havia montado, a Genrent do Brasil, localizada no município de Santa Isabel, a 60 km de São Paulo. Era uma longa viagem, todos os dias.

Trabalhei por dois anos, até março de 2005, e este foi o único e último emprego (espero!) no qual não fui demitido. Dessa vez quem pediu demissão fui eu.

A maioria das demissões que recebi foi por não concordar com certos tipos de autoridade, como "Tem que fazer desse jeito, pois sou eu quem manda" (chefe/gerente/diretor etc.). Então acabava questionando o porquê de ser assim, e não de outra maneira sugerida, pois o resultado seria o mesmo, e quase sempre vinham com a mesma resposta: "Não interessa o porquê. O que vale é quem manda e quem 'tem que obedecer'".

Não me arrependo dos ocorridos, de ter "batido de frente" com certas "autoridades", pois jamais aceitaria trabalhar apenas para cumprir funções, sem compreender o que realmente estava fazendo. Isso me custou vários empregos, esse foi o preço que tive de pagar, mas com a consciência em PAZ, e isso é o que importa.

Nessa época eu já estava cursando a Reflexologia e o projeto era começar a trabalhar como terapeuta assim que findasse o curso, ao final de 2005. Eu trabalhava durante o horário comercial e, após o expediente e aos finais de semana, atendia aos clientes em domicílio.

Mas a clientela foi aumentando de tal forma que quando parei para fazer as contas, estava ganhando praticamente igual ao salário que recebia, trabalhando apenas algumas horas. Então não pensei duas vezes em pedir demissão do emprego.

Lembro-me como se fosse hoje, pois o dia em que resolvi falar com o Sr. Marin, comunicando a minha decisão de me desligar da empresa, senti pela primeira vez a presença do Espírito de minha avó paterna e uma de minhas protetoras espirituais, enquanto estava subindo a escadaria em direção à sala dele, dizendo que tal decisão estava totalmente de acordo com a minha Missão de Alma e com o meu propósito de vida, amplamente protegidos e abençoados pela Espiritualidade.

A partir daí começavam as manifestações mediúnicas, sobre as quais não fazia ideia.

Minha decisão de pedir demissão foi muito criticada pelos meus pais. Eles achavam que eu não estava agindo dentro do meu juízo normal, ou seja, falaram que eu havia "enlouquecido".

Eis o "sermão" que recebi de mamãe:

"Você não passa de um irresponsável!

Recém-casado, chefe de família, se esquece de que mais ficou desempregado do que trabalhou nesta vida? E agora que está bem empregado resolve trocar o certo pelo duvidoso?

Estudou tanto para quê?

Simplesmente abre mão de tudo para virar 'massagista'?".

Acredito que, hoje, ela aceita e abençoa muito bem essa ideia, onde quer que esteja... (TE AMO, MÃE. Saudades sim, tristeza não!)

Não tive nada a ver com a frustração dela, pois o que importa é que estou FELIZ e tenho total apoio da "alma gêmea", a Regina.

Enfim, mãe é mãe!

A partir daí começa a vida de "estar" terapeuta.

Desde então fiz alguns cursos que foram marcantes nessa trajetória.

Em 2007 fiz o curso de Extensão Emocional em Reflexologia, com o professor e proprietário do IOR – Instituto Osni Tadeu de Reflexologia e Pesquisa, "casa" do mestre e amigo Osni Tadeu Lourenço, à qual sou muito grato, pois me abriram as portas para o Universo das Terapias.

Esse período foi especial, pois em setembro desse mesmo ano vivi a expectativa de ser pai pela primeira vez. E o aprendizado adquirido fez com que aceitasse com mais naturalidade o ocorrido com Sofia (ver Capítulo 2).

Vem o mês de novembro e o IOR, através do mestre Ademilson Zerede, contempla-me com uma bolsa de estudos no curso de Crochetagem[2], com o Prof. Henrique Baumgarth, ou Diafribólise Percutânea, técnica de fisioterapia manual que auxilia no tratamento de dores mecânicas (músculos, tendões e nervos) do aparelho locomotor, causadas por aderências que impedem o livre movimento.

---

[2] *www.crochetagem.com*

Também tive o privilégio de aprender com o Prof. Henrique as Manipulações ou Manobras Articulares[3], técnicas (Quiropraxia e Osteopatia) que ajustam as articulações, eliminando os sintomas de dor e incômodo, devolvendo a mobilidade e melhorando a circulação do organismo, em 2009.

---

[3] *www.henriquecursos.com*

Capítulo 2

SOFIA

Regina e eu nos casamos em 04/09/2004, um dos fatos marcantes no Ano do Macaco depois dos exatos nove anos e 11 meses de namoro, com direito a cerimônia religiosa e uma "festa de arromba", em que havia mais de 300 pessoas.

Isso tudo graças ao meu pai (Sr. Seishin Higa, TE AMO!), pois ele "bancou" o evento e, com certeza, foi o melhor presente que recebemos.

Resolvemos aproveitar a vida a dois por alguns anos e fizemos mais duas luas de mel.

Chega o ano de 2007 e decidimos "fazer a encomenda à velha cegonha".

Em 20/08/2007, segunda-feira, vinha ao mundo Sofia, primeiro ser gerado fruto do nosso grande AMOR.

Era por volta das 4h30 e Regina acordou com dor. Como o nascimento estava previsto para meados de setembro, não imaginamos que ela já estava em processo de parto.

Chegamos à Maternidade do Hospital Santa Catarina às 5h30, sem roupas e nem malas, achando que fosse apenas um mal-estar, e ela foi encaminhada direto para a sala de parto. Ligaram para seu ginecologista e obstetra, Dr. Boris Kogan, e às 9h15 Sofia chegou ao mundo.

Acompanhei o parto e achei estranho ela não ter chorado ao nascer. Perguntei ao doutor e ele disse que a grande maioria nasce chorando e berrando, mas há exceções. E até então, tudo tranquilo.

Conversei com a enfermeira se dava tempo de voltar para casa e pegar as malas, pois queria acompanhar o primeiro banho, e ela me disse que eu podia ir tranquilamente. Como havia vários recém-nascidos, ia demorar mais ou menos umas duas horas. Fui e voltei às 11h e, para minha surpresa, Sofia já estava de banho tomado. Não pude acompanhar!

Sofia não pôde ir para o quarto porque sua taxa de glicose no sangue estava um pouco baixa, então ela teve que ficar em observação por algumas horas na UTI Neonatal.

Regina dormiu profundamente, pois estava sob o efeito da anestesia da cesárea, e só acordou às 22h.

Fomos ver Sofia na UTI, onde ela iria pernoitar, pois ainda estava em observação.

Enquanto Regina a amamentava, perguntei à enfermeira se podia filmar aquele momento mágico e ela abriu uma exceção, pois não era permitido registrar qualquer fato dentro da UTI Neonatal. Depois, retornamos ao quarto e dormimos tranquilamente.

No dia seguinte, 21/08, terça-feira, às 9h, assim que chegamos à UTI novamente, para nossa surpresa e aflição, Sofia estava toda entubada. Uma médica cardiologista a estava examinando e foi constatada uma grave cardiopatia congênita: Tetralogia de Fallot, doença em que a criança nasce com as artérias do coração invertidas, e a correção é feita somente com intervenção cirúrgica, precisando ser feita o mais rápido possível. Isso explicava o porquê de ela não ter chorado ao nascer.

Depois de algumas reuniões com a equipe médica, a cirurgia seria feita na quinta-feira (23/08), às 9h, por uma equipe de cardiologistas do Incor (Instituto do Coração).

Chegado esse dia, às 9h, Sofia começou a ser preparada para enfrentar essa batalha, mas houve um imprevisto: enquanto a preparavam para tomar a anestesia, seu organismo a rejeitou devido a complicações na pressão arterial. A cirurgia, então, foi adiada para o dia seguinte, 24/08, (sexta-feira), às 14h. Sofia vai para a cirurgia e foram quatro horas de angústia e apreensão para nós, mas com muita FÉ em DEUS de que tudo correria bem.

Durante a cirurgia ela sofre uma parada cardíaca, mas a equipe consegue voltá-la à vida.

Eram 18h30 quando pudemos vê-la, firme e forte, de olhos bem abertos, como que dizendo "Sobrevivi!".

Mas a luta era com o período pós-operatório, a parte mais crítica do processo. Se ela conseguisse ficar bem por 48 horas, ela estaria, em tese, fora de perigo. Porém, depois de sete horas, 1h30 do dia 25/08, sábado, Sofia nos deixou!

Isso explica os motivos de eu não ter acompanhado o primeiro banho e a permissão da filmagem enquanto ela mamava na UTI.

"Existem coisas reservadas pra gente que foge do nosso entendimento, mas que lá na frente vai fazer todo o sentido. Por isso, nunca perca a FÉ!" (Reynaldo Gianecchini).

"Quando DEUS tira algo de você, ELE não está punindo-o, apenas abrindo suas mãos para receber algo maior" (Chico Xavier).

"A dor é inevitável, mas o sofrimento é opcional" (Bárbara Johnson).

Sofia veio a esta encarnação a fim de deixar muitos legados e inspirações em nossas vidas, apesar dos poucos cinco dias em que aqui esteve. Esse período em que eu e Regina ficamos naquele hospital, foi como uma viagem interior, na qual perdemos completamente a noção de tempo e espaço.

Parece que foram anos, décadas, séculos de muita reflexão e aprendizado que ela nos proporcionou. Cada visita que fazíamos à UTI Neonatal e víamos aquela pequena menina, toda entubada e espetada por agulhas, aparentemente tão frágil, fez com que refletíssemos muito a respeito da vida.

Qual o motivo de estarmos vivenciando aquele momento de tanta dor e angústia? O que iríamos fazer caso ela sobrevivesse? Como cuidar dela? Teríamos que abrir mão de nossas vidas?

Não sei como, mas hoje entendo. Eu conseguia conversar com Sofia de forma telepática, e em uma de nossas conversas ela me disse:

"Confie em DEUS e em mim também, pois tudo está dentro da perfeição. Tenha FÉ!

Sei que você vive aconselhando as pessoas, e agora é a sua vez de aplicar em nossas vidas. Então, pai, 'Corte a corda (*)'".

Lembro-me como se fosse hoje um fato marcante: em cada suíte da maternidade havia uma Bíblia Sagrada, que abri aleatoriamente naquele dia, e li um dos parágrafos, não me recordo qual, e nem as fiéis palavras ali descritas. Disse a Regina para prestar atenção, pois a mensagem estava endereçada a nós naquele momento. Iniciei a leitura em voz alta e, de repente, calei-me, pois o assunto tratava da morte! Ela estranhou eu ter me calado e perguntou o motivo, desconversei e não tocamos mais no assunto. Apenas dias depois revelei a ela o conteúdo da frase.

Após exatamente quatro anos e um dia da data do falecimento de Sofia, em 26/08/2011 (data de meu aniversário também!), iniciei um curso que mudou totalmente a minha visão em relação à vida e continua mudando cada vez mais.

Trata-se da Psicoterapia Reencarnacionista (ver Capítulo 5), trabalho no qual faço parte como ministrante, palestrante, psicoterapeuta reencarnacionista e coordenador nacional dos Grupos de IINP (Investigação do Inconsciente Não Pessoal) (ver Capítulo 10) da ABPR (Associação Brasileira de Psicoterapia Reencarnacionista).

Foi através desse trabalho que me foi revelado, em uma Investigação do Inconsciente vivenciada durante o grupo de estudos, que "Sofia" é uma das Mentoras Espirituais que me acompanham, não só a mim, mas a família toda: Regina, Laís (filha) e meus sobrinhos, Augusto, Henrique, Arthur e Kevin.

Ela também é Mentora dos espíritos desencarnados de grande parte dos ancestrais, tanto maternos quanto paternos, e é um Espírito que não necessita mais reencarnar nesta dimensão, tamanho é o seu grau de evolução.

Outra revelação, de outro Mentor Espiritual, nessa mesma Investigação do Inconsciente, foi do espírito que foi Chico Xavier, apresentando-se como um dos Mentores da Psicoterapia Reencarnacionista. Esse Mentor nos acompanha durante os auxílios nas Investigações do Inconsciente.

O dia 26/11/2011 é inesquecível, um dia repleto de fortes emoções, pois nessa data fui aos trabalhos do Centro Espírita para ministrar minha primeira palestra sobre Reencarnação. Parecia estar "embriagado", sobre efeito de algum "alucinógeno"!

Gratidão eterna, Sofia, por esta passagem, apesar de breve, na qual você nos proporcionou um novo olhar para os fatos além do visível e para nos entregarmos com toda a FÉ à Espiritualidade e aos nossos Mentores, em que sentimos a sua presença cada vez mais intensa no Instituto Sofia Higa (ver capítulo 13), prova maior de que a morte não existe, de que há apenas uma mudança de plano!

* Certa vez, um alpinista, em uma de suas escaladas, resolveu desafiar o Monte Everest.

Foram meses de preparo, e quando estava a poucos metros de alcançar o objetivo tão almejado, tudo escurece de repente, cai uma violenta tempestade de neve, ele se desequilibra e fica pendurado na corda, à mercê da sorte.

Nesse momento de desespero, ele clama por DEUS: "Por favor, meu PAI, me ajude, pois tenho a certeza de que o Senhor me salvará!".

E DEUS o questiona: "Como sabe que irei salvá-lo?".

E ele responde: "Ora, meu PAI, é que sou uma pessoa de muita FÉ! Rezo todos os dias ao acordar e deitar, frequento o templo religioso aos domingos e daí a minha convicção de que serei salvo!".

A resposta: "Ok, filho. Se realmente possui essa FÉ toda e confia em mim, então corte essa corda!".

Passadas algumas horas, ouve-se a notícia de que um alpinista é encontrado morto, congelado, abraçado à corda, a dois metros de distância do solo.

Moral da história: ter FÉ é "cortar a corda", acreditar no invisível, ou seja, quem tem FÉ se OCUPA, e quem não tem FÉ se PREOCUPA!

Capítulo 3

CULTO AOS ANTEPASSADOS

Como vim a esta encarnação como descendente do povo de Okinawa (a), província onde se cultua os antepassados de maneira fervorosa, e Regina também, seguimos à risca como manda a tradição.

Quando um ente desencarna (falece) são feitas missas (reuniões entre familiares e amigos, com muitos comes e bebes) durante sete semanas consecutivas, até completar os 49 dias (b), em casa, em que cada pessoa participa oferecendo o senkô (incenso) ao butsudan ou totomê (pequeno altar personalizado com o nome do falecido [c]), fazendo sua oferenda, a fim de que aquele Espírito recém-desencarnado receba a luz necessária à sua evolução espiritual no novo plano.

Quando veio a sétima missa (49 dias), 12/10/2007, Dia de Nossa Senhora Aparecida e Dia das Crianças, para nossa agradável surpresa, o Espírito de minha avó paterna, Sada Higa, veio buscar "Sofia". Ela a acolheu em seu colo e a levou ao "Nosso Lar", e disse que iria cuidar dela com todo o aconchego necessário.

Essa tradição causa muita polêmica entre os descendentes, pois muitos confundem com aspecto religioso e a encaram como obrigação. Isso se deve à maneira como foram criados, com os pais e avós dizendo que tudo faz parte de uma "herança familiar", ou seja, "tem que fazer", pois caso neguem esse legado, podem sofrer sérios riscos à saúde e à prosperidade dos familiares.

Não devemos culpá-los, pois assim foram educados, e na época faltavam muitos esclarecimentos.

Atualmente, na Associação Espírita AMOR A JESUS (d), centro do qual fiz parte como médium de junho/2011 a setembro/2016, são ministradas palestras e aulas sobre temas dessa tradição milenar.

Dizem que é a única no mundo em que o assunto é abordado de maneira séria e profunda, segundo pessoas que vieram diretamente de Okinawa para visitar o espaço, a fim de adquirirem esclarecimentos e conhecimentos a respeito.

a- Ilha do arquipélago japonês, que era independente até 1972, e desde então faz parte do Japão.

Em Okinawa, província localizada ao sul do Japão, o culto aos antepassados está ainda mais arraigado na sociedade e se mantém firme e presente até hoje. Tradição que também acompanha os imigrantes okinawanos que vivem no Brasil.

"A reverência aos seus ancestrais é um costume primitivo do povo okinawano e a sua principal atividade espiritual. Costume que fortalece a sua espiritualidade e a sua existência", ressalta Shinji Yonamine, profundo conhecedor da cultura e das tradições okinawanas.

Segundo ele, no Japão, praticamente todas as religiões mantêm a reverência aos seus ancestrais, representado por uma instituição religiosa.

Okinawa, até mesmo na modernidade, consegue manter os seus costumes primitivos, por meio da reverência aos ancestrais, ao divino (Kami), ao elemento cósmico de transformação (Nirai Kanai), à natureza representada pelo bosque (Utaki), e aos túmulos coletivos do clã familiar, sem que se tenha ligação com alguma religião.

"A religiosidade é ligada a uma instituição. E a espiritualidade okinawana é ligada a alma, criando um forte vínculo social e familiar".

Assim, podemos verificar a dificuldade de um okinawano em responder, por exemplo, a que religião ele pertence.

"O costume de Okinawa é essencialmente espiritualista, não pertencendo a nenhuma entidade religiosa", explica o especialista. "Porém no Brasil, os descendentes de Okinawa, na sua maioria, assimilaram o cristianismo como religião, não deixando de reverenciar os seus antepassados (Sosen Suhai), respeitando as antigas tradições da sua família", completa.

Ainda de acordo com Yonamine, como as antigas civilizações, Okinawa mantêm as mulheres como porta-voz espiritual, sendo as "Noro" (sacerdotisas) representando a comunidade; e as "Yuta" (espíritas) dando orientação familiar, criando um diferencial entre a religiosidade e a espiritualidade.

São as mulheres também as responsáveis pela limpeza do Totome, o oratório de Okinawa, pela oferenda de frutos e outros alimentos, e pelo acendimento do senkô. Mas assim como no Japão, a sucessão é patrilinear, ou seja, cabe ao filho mais velho (tchonan) cuidar do oratório dos pais. Então, avô, pai e neto passam o Totome entre as gerações. Logo, quem herda o oratório é o homem da família, mas quem cuida, efetivamente, é a esposa dele.

"O oratório em casa é um ponto de referência para reunir a família, porque representa a presença espiritual das pessoas já falecidas: os ancestrais. Quando alguém falece, a visita não vai ao cemitério e, sim, vai orar na casa do falecido. A pessoa morreu, mas a energia dela permanece na casa onde morou", detalha Yonamine, que completa: "Na casa existem forças energéticas do ambiente e das pessoas, então, a casa aumenta sua representatividade na família, à medida que as gerações representadas no oratório crescem".

O objetivo principal dessa tradição, segundo o especialista, é obter uma referência espiritual, manter e fortalecer uma relação social por meio da cultura familiar, relacionando Pai e Filho, fazendo com que os descendentes voltem às origens.

b- Ciclo importante, pois é o momento em que o Espírito recém-desencarnado faz a transição da vida terrena para o Mundo Espiritual, e sempre algum ancestral vem trazer esse acolhimento.

A história, contada pelos antigos, é a de que, para passarmos deste mundo físico ao mundo dos antepassados, temos que atravessar o Rio da Morte. Esse rio é raso e fácil de atravessar, se o falecido praticou boas ações, com boa índole e prestatividade; se for ao contrário, essa pessoa terá que passar pelo trecho em que a água é turbulenta e violenta, ficando impossibilitado de atravessar. Então o único meio é achar uma ponte.

Segundo o budismo, existem sete portais que, para nós, equivale às sete missas. *É um* período de adaptação entre a alma e os bens materiais que aqui foram deixados, e também e principalmente, seus familiares. Assim, na tradição de Okinawa, as cerimônias se assemelham ao budismo na contagem do tempo, isto é, realiza-se sempre na véspera da data, ou seja, conta-se o dia do falecimento. Por exemplo: se a pessoa desencarnou no domingo, conta-se o domingo + seis dias, sendo a missa realizada no sábado.

Portanto a missa do 7º dia será realizada no "6º dia", e a missa de 49º dia, no 48º.

A missa do primeiro ano será na data exata em que o falecimento completar um ano, diferente do budismo, no qual costuma ser alguns dias antes dessa data; a de três anos será no 2º ano e assim por diante, como ocorre com as datas do nascimento, isto é, conta-se o início da vida quando em gestação. Assim, ao nascer, a criança é considerada com a contagem de idade de um ano de vida.

A 1ª fase é semanal: sete missas semanais (Shiroi Ihai). É a fase mais importante, sendo o tempo que o Espírito recém-desencarnado leva para entender seu estado atual (desencarnado), assim como a família em luto leva para amenizar a dor da perda, que se recupera pelas visitas, que trazem novas energias aos familiares. E acender um senkô (incenso) para o falecido serve também para esse Espírito como luz em sua nova caminhada, tendo o início no enterro + sete missas semanais (7º dia será realizada no 6º dia); 49 dias Shin-dyu--kuniti (49º dia será no dia 48º dia) é chamado o período do Shiroi Ihai, tablita branca com o nome do falecido, e após essa data a tablita (ihai) é queimada e as cinzas juntadas ao kooro (incensário) existente, ficando, então, junto com os ancestrais, e a partir daí serão acendidos três senkôs (incenso): o 1°, em respeito e agradecimento à Raiz Tronco (o 1º ancestral), que está recebendo mais um descendente; o 2º, a todos que compõe o ihai, para que sempre caminhem na evolução espiritual; e o 3º, a você mesmo, agradecendo aos ancestrais pela proteção nos caminhos que percorre.

A 2ª fase é anual, que se inicia no 1° ano e vai até 33° ano. É muito importante, porque demonstra o carinho dos parentes e amigos, na atitude de nunca esquecer o falecido. É o ciclo em que se inicia a evolução espiritual, colhendo os frutos que aqui plantou, na matéria, quando em vida. Também se inicia o desapego deste mundo material, seguindo o plano fluídico espiritual, amparado pelos ancestrais.

Assim, é feita a missa de um ano (iti-nenkí) (o 1°ano será ao completar um ano, diferente do budismo, em que é feita dias antes de se completar um ano).

No ano seguinte (3 anos), será no 2º ano (sam-nenkí); percebe-se que, até aqui, os períodos de missa são curtos devido à necessidade que o ente querido tem de afeto e muito amor. A partir de então, o tempo das missas vai sendo espaçado cada vez mais: depois de 6 anos (shiti-nenkí), depois de 12 anos (dyusam-nenkí), depois de 24 anos (nidyugo-nenkí) e depois de 32 anos (sandyusam-nenkí).

Após a 33ª missa, considera-se o tempo que o falecido leva para estar bem, mas sempre lembrando que depende do que aqui plantou, a fim de colher os frutos do bem-estar e desapego deste mundo.

Percebe-se que a família também evolui, tanto material como espiritualmente.

Então é uma "festa" em que todas as oferendas (ussaguimum) têm a cor vermelha. A partir de então não haverá mais missa, doravante o espírito querido receberá sempre os *senkôs* nos dias 1° e 15ª de cada mês, e no OBON, período do finado japonês.

c- Butsudan é uma palavra japonesa de origem Budista, incorporada aos costumes de Okinawa, pois lá existe uma característica própria em relação aos costumes religiosos.

O monge de outras províncias japonesas, que é transferido para a região, passa por um processo de aculturação aos costumes de Okinawa, porque há uma diferença de costumes.

Em Okinawa, o oratório (butsudan) faz parte do mobiliário, fica na parte principal da casa, onde se recebem as visitas. No Brasil, é comum encontrar o butsudan no quarto, um local mais reservado.

As tablitas com os nomes são chamadas GUANSU ou TOTOME. Em Okinawa elas são da cor vermelha com letras em dourado, representando uma energia positiva. Nela, há duas divisões: uma superior para o nome dos homens, e outra inferior, para o nome das mulheres.

O GUANSU em casa é um ponto de referência para reunir a família, porque representa a presença espiritual das pessoas já falecidas (ancestrais).

Quando alguém falece, a visita não vai ao cemitério e, sim, vai orar na casa do falecido. A pessoa morreu, mas a sua energia permanece na casa onde morou.

O objetivo principal dessa tradição é obter uma referência espiritual, manter e fortalecer uma relação social através da cultura familiar, relacionando Pai/Filho, fazendo com que os descendentes voltem às origens.

Na casa existem forças energéticas do ambiente e das pessoas, então, a casa aumenta sua representatividade na família à medida que as gerações representadas no GUANSU crescem.

Podemos ter casas com três gerações: casa do Pai, ou o intermediário, acima de sete gerações, ou a casa principal, chamada MUUTU YÁ, acima de 25 gerações.

Para essa tradição, rezando pelos ancestrais você está fazendo um bem para si mesmo e para a família, porque é uma forma encontrada para unir as pessoas.

Os primeiros imigrantes que vieram ao Brasil eram muito jovens, não passavam dos vinte anos, e uma grande parte constituída de primogênitos, pois esperavam voltar logo para o Japão, o que acabou não acontecendo.

O amadurecimento e o interesse pelo lado espiritual normalmente acontece nas pessoas quando estão na fase madura da vida, e a obrigação dos trabalhos espirituais está a cargo das mulheres, principalmente a de mais idade.

Os túmulos antigos em Okinawa respeitam as posições do Feng Shui.

Cravados numa encosta que tem a forma do útero da mulher, ou como uma carapaça de uma tartaruga que se chama "Kame Ko Baka", tem essa posição e formato porque não se enterra a pessoa; ela é colocada numa urna de porcelana na posição fetal, como se voltasse à Mãe Natureza.

Após feita a exumação, as cinzas do marido e da mulher permanecem unidas em uma única urna, pois se considera que eles tiveram filhos e que a sua união é eterna, formando um corpo só.

Os túmulos são visitados geralmente no dia do "Seimei-sai ou Shiimi", o Ano Novo dos mortos, celebrado no início do mês de março lunar, em que todos os familiares se encontram, levando oferendas, como se fosse um grande piquenique.

A outra ocasião é no verão, chamado "Tanabata", no dia 7 de julho lunar, quando é possível fazer limpeza do túmulo ou mesmo exumação. É considerado um dia neutro para atividades espirituais e preparativos para o OBON, finados do Japão:13,14 e 15 de julho, quando os familiares se reúnem na casa em que existem os Santuários Familiares.

A casa do Tyakushi, o mais velho, onde deve estar o Pai, é o uya-muuto ou ufuyá.

Costumes do Butsudan: é uma tradição que até mesmo em Okinawa é muito forte. Para se ter uma ideia, pergunte a um descendente que tenha ido pela primeira vez a Okinawa, se não sentiu uma forte vibração, como tivesse voltado para casa.

Okinawa é considerada "Kami Guni" (Terra dos Deuses).

No Butsudan você tem um compromisso com o passado, faz o presente e prepara o futuro. Você acredita em Deus, em Espírito ou a existência de uma energia invisível. Não vivemos por acaso, a vida morre, mas os impulsos que passamos permanecem vivos.

Rezamos no Butsudan para agradecer às pessoas que se foram, e pelo compromisso de vida que tiveram com a família, temos (24) vinte e quatro horas de alegria e um minuto para nos lembrarmos das pessoas que, em algum lugar, estejam preocupadas com a gente.

A casa é o local onde se concentra essa energia e o Butsudan é a sua referência.

Na tradição de Okinawa é comum ouvir casos em que as pessoas deixaram de seguir as tradições, principalmente quando se tem em casa um santuário familiar, que veio de Okinawa, constituído de muitas gerações, e outras dezenas de casos, de acontecimentos ruins.

(Mixagem de texto: *"Espiritualidade de Okinawa"* e *www. culturajaponesa.com.br*)

d- Centro Espírita Kardecista, localizado na Rua Heráclito Odilon, nº 196, Vila Ema - São Paulo/SP, onde 95% dos frequentadores são descendentes de okinawanos.

Capítulo 4

MEDIUNIDADE

Dizem que todo o indivíduo tem certo grau de mediunidade (*), que é o canal de comunicação entre os mundos físico e espiritual, independente de crença religiosa ou do fato de aceitar ou não; e uns são mais apurados, outros menos, mas todos nós temos.

Apesar de ser um assunto polêmico é um dom que nasce com a pessoa e se ela negar tal poder, com certeza acarretará em um grande conflito interno.

Seria o mesmo que não aceitar o fato de pedir (implorar!) para nascer. Muitos relutam diante dessa afirmação, apesar de isso ser comprovado cientificamente (**).

Em maio de 2011, na Associação Espírita "Amor a JESUS", teve início o meu desenvolvimento mediúnico, que continua até os dias atuais. Nessa instituição fiz parte do grupo de médiuns "Soldados de JESUS", assim denominados pela fundadora da casa, Maria Nobuko, participando das reuniões às quintas-feiras, às 20h.

Como integrante da sessão de abertura ("mesa branca"), dava "passagem" (canalização, incorporação e comunicação) aos meus guias (meus avós paternos, *Sada* e Seiko Higa, e meu primo Carlos Henrique Taira) e aos mentores (Chico Xavier, da Psicoterapia Reencarnacionista, e Dirceu da Costa, "preto velho", escravo nos anos 1700), compartilhando as mensagens recebidas com todos os presentes.

Foi um trabalho voluntário que fez parte também da minha Missão de Alma, o qual executei com imenso prazer, proporcionando-me enorme PAZ interior.

*A mediunidade é uma faculdade da alma ou da nossa consciência que interage com a vida e o corpo físico.

Uma boa forma de explicar é com a seguinte comparação: para ouvir música ou um programa de rádio é necessário que haja o aparelho (corpo) e uma antena que capta as ondas de rádio que fazem você se sintonizar com a estação de rádio definida por uma frequência de onda, e não com a sala de áudio em si, onde fica o locutor.

Assim como uma estação de rádio, a mediunidade também não está no corpo, mas na consciência.

Mas o que é mediunidade?

Em resumo, mediunidade é uma sensibilidade ao que não é físico, a energias que, a princípio, não sabemos de onde vêm. Tal sensibilidade faz com que o médium, a pessoa que possui mediunidade, consiga agir como intermediário de sensações, influências, sinais e comunicações, de maneiras diferentes, do mundo não físico para o físico.

Tipos de mediunidade e médiuns

No estudo clássico há diversos tipos de mediunidade.

A seguir estão alguns tipos de médium, para exemplificar de forma resumida:

- De efeitos físicos.

- Sensitivos.

- Audientes e clarividentes.

- Videntes e clariaudientes.

- Psicofônicos.

- Mecânicos.

- De cura.

- Intuitivos.

- Semimecânicos.

- Inspirados.

Como desenvolver a mediunidade – tipos

De forma sucinta, em minha opinião, só existem cinco tipos do que o que é mediunidade e médiuns.

São eles:

- Médiuns mais ou menos conscientes.

- Médiuns mais ou menos sensíveis.

- Médiuns mais ou menos fiéis ao fluxo.

- Médiuns mais ou menos atuantes, dedicados ou disciplinados.

- Mediunidade bloqueada.

Imagine uma máquina que está com uma engrenagem enferrujada ou engripada.

Não funciona bem, certo?

A mediunidade bloqueada faz o mesmo papel dessa engrenagem, fazendo com que os canais mediúnicos fiquem entupidos, ou, em outras palavras, impede que você não se ajuste à natureza ou ao fluxo da mediunidade.

A mediunidade requer preparação e que você aprenda a criar aos poucos uma sintonia refinada com as energias extrafísicas. Se a sua sintonia se perde ou se desregula é sinal de que sua mediunidade está bloqueada.

Os principais responsáveis pelo bloqueio da mediunidade são:

- Falta um propósito na vida, um sentido maior, mais espiritual e mais elevado.

- Falta disciplina em simples práticas que elevam o espírito e tratam a sua bioenergia, tais como: preces, meditações, contato com a natureza e hábitos saudáveis.

- Raiva, medo, mágoa e rancor.

- Consumo de álcool, drogas, alimentação intoxicante e pesada.

- Aumento do egoísmo silencioso: você não percebe, mas está completamente focado nos seus problemas, pensa que a sua vida está difícil e comete o grave erro de se esquecer do mundo, das outras pessoas e de outros objetivos de vida.

- Alienação da consciência e mergulho na psicosfera e mídia de massa: uma pessoa alienada está mergulhada no inconsciente coletivo e começa a reclamar e criticar a vida, como a maioria das pessoas faz. Ela também se entrega aos noticiários de TV, jornais, revistas ou internet, que são feitos para prender a atenção pela exposição da polêmica, da dor, das injustiças e do sofrimento de forma desmedida e desequilibrada.

- Falta conexão com a vida espiritual, com as dimensões mais sutis e com a noção de causa e efeito: você se esquece da sua origem, de quem você é, e acaba perdendo poder pessoal;.

- Falta estudo relacionado: quando você estuda constantemente sobre o assunto, é possível manter a sua consciência conectada ao tema, o que naturalmente desenvolve e desbloqueia a sua mediunidade.

Parece complicado, mas, na realidade, é muito simples:

Você realmente pode mudar qualquer coisa na sua vida que não esteja bem: crises, conflitos pessoais e em família, falta de prosperidade, depressão, tristeza, insatisfação no trabalho e falta de sentido para vida.

Mas o que fazer para começar neste momento a sua transformação positiva? A resposta é prática e curiosa ao mesmo tempo: ativando a elevação da sua sintonia. É tão impressionante e impactante que, com o tempo, certamente você vai se perguntar: "Por que é que eu não fiz isso antes?".

E para ajudar você nessa busca, todos os dias eu faço um vídeo com um tema diferente sobre os mistérios e anseios que, assim como você, as outras pessoas também têm.

Ou seja, você não está sozinho!

(Texto disponível em: https://www.luzdaserra.com.br/mediunidade-ndash-como-desenvolver-ou-desbloquear)

* *"Um dia você foi inscrito para participar do maior concurso do mundo, da maior corrida de todos os tempos.

Acredite, você estava lá! Eram mais de 40.000.000 concorrentes.

Pense nesse número.

Todos tinham potencial para vencer e só um venceria.

Será que você era mais um número na multidão ou tinha algo especial?

Analise quais seriam as suas chances: 0, 000.000.04.

Você nunca foi tão próximo de zero.

Suas chances eram quase inexistentes.

Tinha tudo para ser mais um derrotado, tinha todos os motivos para ser um grande perdedor.

Qualquer um acharia loucura participar dessa corrida.

Mas você participou e ainda achava que iria vencer.

Talvez fosse melhor desistir e se conformar com a derrota.

Mas você era o ser mais teimoso do mundo, sua garra era incrível.

Por isso jamais admitiu recuar.

A palavra desistir não fazia parte do seu dicionário genético.

Por quê?

Porque, se perdesse essa corrida, perderia o maior prêmio da História.

Qual?

A VIDA!

Que disputa era essa?

A disputa do espermatozoide para fecundar o óvulo.

A corrida pelo direito de formar uma vida.

Talvez você nunca tenha imaginado, mas já participou da mais excitante e perigosa aventura da existência.

Seria mil vezes mais fácil vencer as eleições para presidente do seu país.

É incrível, mas você venceu!

Como você conseguiu?".

(Trecho extraído do livro *Você é insubstituível*, Augusto Cury, Ed. Sextante, p. 27 a 31).

Capítulo 5

PSICOTERAPIA REENCARNACIONISTA: UMA NOVA FILOSOFIA DE VIDA

Atualmente, uma das maiores propostas como Missão de Alma nesta encarnação é a Psicoterapia Reencarnacionista (*), trabalho do qual faço parte juntamente com uma egrégora de Mentores Espirituais.

Um deles é o Espírito que foi Chico Xavier nesta última encarnação.

Tive o privilégio de ter contato com esse ser tão iluminado na segunda Investigação do Inconsciente, pela passei durante um grupo de estudos em 26/11/2011, data marcante, pois foi uma das maiores emoções já vividas por mim.

Cheguei aos prantos com a benção e as mensagens recebidas, encaminhada a todos os seres encarnados e desencarnados que fazem parte dessa missão.

Confesso que tive muitas dúvidas quanto à veracidade dos fatos, mas os sentimentos de paz, amor, gratidão, harmonia e humildade que esse espírito me proporcionou nesse dia não me deixou argumentos. Foi muito real!

Cito uma mensagem marcante desse encontro, dentre várias, que não caberiam neste texto:

"Não tenham pressa. O tempo de vocês (encarnados) é diferente do tempo de DEUS!

Quando tudo parece estar parado, estático, sem movimento aparente, que não está fluindo de acordo com vossas expectativas, logo pensam que ELE não está agindo.

Tudo já está realizado aqui no 'Nosso Lar'.

Portanto, tenham FÉ! Quando tiverem a impressão de que DEUS está demorando, na verdade, ELE está caprichando".

Essa mensagem foi especialmente destinada ao Prof. Mauro *Kwitko*, nosso "Mentor Encarnado", que está construindo o CBTC (Centro Beneficente de Terapia e Caridade) em Porto Alegre - RS, projeto destinado a pessoas que não têm condições de investir nessa terapia.

Nós, como missionários da Psicoterapia Reencarnacionista, temos que vivenciar a nossa encarnação 24 horas por dia, ou seja, a todo o momento.

Seja como ministrante, monitor, palestrante ou psicoterapeuta reencarnacionista, o que falamos tem que estar de acordo com as nossas atitudes. De nada adianta incentivarmos alguém a fazer a Reforma Íntima se nós mesmos não estamos dispostos a nos submetermos a esse trabalho.

Temos que dar o exemplo às pessoas que nos procuram, pois não nos cabe aquele ditado: "Façam o que eu digo, mas não façam ou que eu faço".

* A Psicoterapia Reencarnacionista é uma moderna Escola psicológica que agrega a Reencarnação e visa a ajudar a todos nós a mudarmos a visão que a nossa persona tem da infância e da nossa vida.

Ela quer nos fazer encontrar a visão que o nosso Espírito e os nossos Mentores Espirituais têm a esse respeito. É a base operacional da Psicoterapia Reencarnacionista, o que chamamos de "versão-persona" X "Versão-Espírito".

Sem essa mudança de visão, de interpretação, que damos à nossa infância e aos fatos da vida, não é possível realizar-se um tratamento com a Psicoterapia Reencarnacionista.

É como entendermos a nossa vida depois de desencarnados, lá no Mundo Espiritual, olhando o Telão e comentando com os Orientadores. E isso ser feito aqui, enquanto estamos encarnados, é Psicoterapia Reencarnacionista.

A Psicoterapia Reencarnacionista é uma criação do Mundo Espiritual e começou a ser transmitida para Mauro Kwitko, a partir de 1996, em Porto Alegre/RS, Brasil. Ela nasceu com a finalidade de trazer à Psicologia e à Psiquiatria uma possibilidade de expansão nunca antes imaginada.

A Reencarnação e a atuação dos Espíritos obsessores são agregadas aos conceitos psicológicos e psiquiátricos, criando uma nova maneira de encarar nossos conflitos e as doenças físicas, psicológicas e mentais.

Com a Reencarnação, a infância deixa de ser considerada o início da vida e passa a ser vista como a continuação de nossa vida eterna. A nossa família não é mais um conjunto de pessoas que se uniram ao acaso por laços afetivos e, sim, um agrupamento de Espíritos unidos por laços kármicos. E as situações que vamos encontrando no decorrer da vida não são aleatórias e, sim, reflexos, consequências e decorrências de nossos atos passados, e necessidades para nosso projeto evolutivo espiritual.

E considerando que todos nós somos Espíritos, com graus diversos de evolução e intenção, uns inseridos dentro de um corpo físico, outros libertos desse arcabouço, sabemos que ao nosso redor existem milhões de seres invisíveis com a capacidade de nos afetar, benéfica ou negativamente.

E como afirma o Dr. Bezerra de Menezes em seu livro *A loucura sob novo prisma*, a maioria dos casos de doenças mentais são causados pela atuação de Espíritos desencarnados sobre os doentes. E podemos acrescentar a isso as consequências de nossas ações em encarnações passadas, que jazem escondidas dentro do nosso Inconsciente.

A Psicologia atual, herdeira de uma concepção religiosa não reencarnacionista, enxerga nossa vida apenas desde a infância e, por isso, limita seu campo de ação a uma fração mínima da nossa existência.

Ela trabalha com um conceito limitado, que é a Formação da Personalidade, pois afirma que não existíamos antes, e, então, considera que nossas características de personalidade e nossos sentimentos negativos originam-se lá no "início da vida", pela conjunção de fatores genéticos, hereditários e ambientais. Tudo se originou lá, obrigatoriamente, pois nada havia antes.

Mas e as nossas encarnações passadas?

Na nossa vida encarnada anterior não tínhamos uma personalidade?

Evidentemente que sim, então não é razoável e de bom senso pensar que somos a continuação daquele que fomos nessa vida anterior à atual?

Isso derruba o conceito de Formação de Personalidade e cria outro conceito, revolucionário, evolucionista, clarificador, o de Personalidade Congênita, um dos pilares básicos da Psicoterapia Reencarnacionista.

E nossos familiares, nosso pai, nossa mãe, nossos irmãos e demais parentes?

Dentro dos princípios reencarnacionistas, sabemos que somos Espíritos ligados por cordões energéticos de afinidade e de divergência. Esses cordões é que regem a nossa aproximação e isso explica as simpatias e as antipatias entre familiares, até mesmo ódios e aversões.

E por que nos aproximamos novamente?

No caso da afinidade, para continuarmos juntos em um projeto de amizade, de um trabalho em conjunto; no caso da divergência, para fazermos as pazes, harmonizarmo-nos, amarmo-nos.

E essa última questão é um dos principais assuntos nas consultas de Psicoterapia Reencarnacionista quando tratamos conflitos entre pais e filhos e entre irmãos.

Agregando a Reencarnação à Psicologia cria-se uma nova Psicologia, baseada na nossa vida eterna, na nossa busca de evolução espiritual, de purificação.

Não somos mais pessoas, somos Espíritos encarnados; não somos homens e mulheres, somos Espíritos em corpos masculinos e femininos; não somos brancos ou negros, somos Espíritos em "cascas" de cor diferente; não somos brasileiros, argentinos, americanos, iraquianos, somos Espíritos que encarnaram, dessa vez, nesses países.

A Reencarnação, além da capacidade de expandir a Psicologia para o infinito, tem o potencial de eliminar o racismo, os preconceitos e a violência da face da Terra.

Com a visão clarificada de que estamos em um local de passagem, com a finalidade de evoluirmos espiritualmente, as questões da vida terrena podem ser classificadas em dois grupos: importantes e sem importância, com graduações entre elas.

Devemos ter a capacidade de perceber o que pode nos auxiliar em nossa Missão Pessoal e o que pode nos distrair dela. Mas, para isso, é de fundamental importância que cada um de nós saiba para o que reencarnou dessa vez.

E isso não é tão difícil de perceber. Basta enxergarmos nossas imperfeições e dificuldades, os conflitos com outras pessoas, nossas tendências negativas, enfim, tudo o que nos trás desconforto e nos tira a paz.

Algumas pessoas reencarnaram para lidar com questões morais, como tendências a roubar, enganar, mentir, trapacear, atributos de um Ego autônomo, míope, dissociado do seu Mestre Interior; outras reencarnaram para lidar com características pessoais que afetam mais a si mesmas, como a timidez, a mágoa, o medo, a introversão; e algumas pessoas aqui estão para se libertarem da raiva, que faz mal a si e a outros.

Cada um de nós está aqui, no Astral Inferior, para encontrar as suas inferioridades, que são trazidas há centenas ou milhares de anos, tendo passado por muitas encarnações em que sua atuação no sentido de evolução, de libertação, tem sido aquém do que poderia ter sido.

Uma das finalidades da Psicoterapia Reencarnacionista é nos ajudar a melhor aproveitarmos as nossas encarnações no sentido da busca da purificação, da nossa volta para o Todo.

O psicoterapeuta reencarnacionista deve praticar em si mesmo os princípios evolucionistas, purificadores, para ter credibilidade interior que lhe capacite a ser um conselheiro espiritual de seus pacientes. Ele deve eliminar qualquer vício moral, deve libertar-se da raiva e da mágoa, deve ter cuidado com o orgulho e a vaidade, deve desenvolver uma maneira de ser agradável, simpática, equilibrada, leve e despojada, e não deve, em hipótese alguma, beber, fumar ou usar drogas.

A Psicoterapia Reencarnacionista é uma terapia de cunho espiritual, na qual os Seres Superiores podem estar presentes, dependendo do modo de vida do psicoterapeuta. E este deve, então, procurar ter o merecimento de receber essa ajuda superior que, entre outras questões, possibilita-lhe permanecer imune aos ataques dos seres espirituais inferiores, interessados em prejudicar as pessoas em tratamento e a nós.

Por isso, é de fundamental importância uma atitude reta, centrada, numa busca de uma sintonia com o Mundo Superior, colocando-se no seu lugar de ser humano, pequeno, imperfeito, procurando obedecer às ordens superiores.

Ao nosso lado colocam-se nossos Irmãos mais evoluídos, orientando-nos, intuindo-nos, auxiliando-nos no trato com as pessoas que nos procuram e no âmbito das interferências inferiores espirituais.

Não estamos sozinhos na nossa vida cotidiana e no nosso consultório. Existem presenças com intenções várias. Devemos procurar manter nossa frequência elevada, sintonizando com as presenças da Luz e nos imunizando das presenças das Trevas.

O cuidado com nossos pensamentos, sentimentos e ações é de fundamental importância para o sucesso da nossa vida encarnada, individualmente e como psicoterapeutas reencarnacionistas. Lidamos com questões espirituais, muitas vezes interferindo com seres poderosos cuja intenção é prejudicar a quem nos procura e a nós mesmos.

Por isso, todo cuidado é pouco!

A oração diária, a elevação dos nossos pensamentos aos Seres da Luz, a atitude humilde de nos colocarmos no lugar de serviçal dos nossos irmãos superiores, a postura de não enfrentamento aos seres de pouca Luz que nos acossam, entendendo-os, compreendendo sua atitude, motivada em traumas seus de muito tempo atrás, enxergando-os também como irmãos, como filhos de Deus, como companheiros de jornada, até porque não sabemos se em outras épocas não estávamos ao seu lado...

Devemos nos colocar como representantes de Deus na Terra, como aliados do Mundo Superior na missão de purificação do nosso planeta, de clarificação, e procurar, a todo o momento, principalmente em situações conflituosas, atuar através do nosso Eu Superior, com Luz na nossa Consciência, Amor em nosso coração e Paz em nossos sentimentos.

A Psiquiatria, não lidando com a realidade espiritual, atribui a doença mental ao cérebro, como se os pensamentos aí residissem, não sabendo, ainda, que o cérebro é apenas o codificador, o intermediário entre o corpo físico e a Mente.

As doenças do pensamento são, em sua maioria, originárias das encarnações passadas, de ações praticadas e ações sofridas, num desequilíbrio entre o Ego e o Espírito, que faz com que os doentes tenham enormes dificuldades de sintonizar com os níveis superiores espirituais e, pelo contrário, sintonizem com os níveis inferiores, escuros, onde vivem nossos irmãos que não enxergam a Luz, e quando a enxergam consideram-na desagradável por poder lhes revelar a Verdade.

Os doentes mentais, com traumas terríveis em seu Inconsciente e sofrendo com a presença de seres inferiores espirituais, vivem em um inferno interior, com ideias e atitudes incompreensíveis para a nossa Psiquiatria oficial, incompetente para entender essas questões. Daí a rapidez dos rótulos psiquiátricos e da intervenção medicamentosa psicotrópica.

Os rótulos rotulam e dão ao doente e a seus familiares a convicção de que ele é um doente da mente, quando, mais frequentemente, é um doente do Espírito.

A causa da doença materialmente atribuída ao cérebro está frequentemente escondida, nos recônditos do Inconsciente e ao seu lado, no mundo invisível. É urgente a expansão da Psiquiatria rumo à Reencarnação, ao interior do Inconsciente e ao desbravamento da vida espiritual.

Os psicotrópicos têm uma atuação benéfica nas urgências e nas emergências, quando, frequentemente, são imprescindíveis, e podem, ou devem, ser utilizados por um tempo limitado, mas nunca por um tempo longo ou, pior, como a própria terapia, pois em longo tempo trazem as consequências terríveis dos seus efeitos colaterais, muitas vezes piores do que os sintomas iniciais, cronificando e perpetuando a doença.

A medicação psicotrópica não pode ser o tratamento e, sim, um auxiliar por algum tempo, enquanto se busca a origem, a explicação, a causa dos sintomas.

A Psicoterapia Reencarnacionista é uma aliada das Religiões Reencarnacionistas, no sentido de recomendar a investigação e o tratamento espiritual nos casos das doenças mentais.

A todas as pessoas que vêm à consulta informando ver seres e/ou ouvir vozes, recomendamos uma consulta em Centro Espírita ou Espiritualista. Não referendamos imediatamente os diagnósticos psiquiátricos, principalmente os de Esquizofrenia e Paranoia, por ver nesses pacientes a possibilidade de veracidade no que pensam, veem e ouvem.

Faz parte da prática de consultório do psicoterapeuta reencarnacionista encaminhar as pessoas aos Centros especializados nesse tipo de atendimento quando se suspeita da presença de Espíritos obsessores.

Uma Nova Era vislumbra-se para a humanidade, a consciência das pessoas gradativamente abre-se para a realidade espiritual, e é necessário, então, que as grandes Instituições de Cura Mental e Emocional, como a Psicologia e a Psiquiatria, libertem-se de ideias religiosas que lhes prendem a esta vida apenas, que limitam sua visão e seu campo de atuação.

A Psicoterapia Reencarnacionista vem alinhar-se à expansão dos conceitos psicológicos e psiquiátricos, buscando entender melhor as mazelas humanas, o sofrimento de milhões e milhões de doentes mentais, confinados em seu interior, amordaçados por medicamentos psicotrópicos que não têm a capacidade de realmente curá-los, por não poder penetrar em seu Inconsciente, onde reside a causa da dor, e tendo a capacidade de diminuir a percepção dos seres invisíveis que acossam esses doentes, mas não de afastá-los.

A evolução da humanidade, no sentido da cura de sua doença primordial, que é o esquecimento de sua natureza espiritual, deve ser acompanhada pela evolução das Instituições que lidam com a sua saúde.

A visão do homem como um ser físico, emocional, mental e espiritual deve ser utilizada na prática dessa Instituição e não apenas como um discurso teórico.

Muitos médicos psiquiatras e psicólogos, em vários países, já trabalham com essas realidades espirituais como um assunto científico. Aqui no Brasil, esses assuntos ainda são considerados religiosos e os profissionais que as praticam são ameaçados e punidos pelos Conselhos de Medicina e de Psicologia.

Mas a evolução é inexorável e, em alguns anos, deverão existir Universidades para ensinarmos a Psicoterapia Reencarnacionista, a Investigação do Inconsciente e outras Medicinas Energéticas e Espirituais.

Essa nova psicoterapia trabalha em dois níveis:

1. Básico – ajudar a pessoa a encontrar sua Personalidade Congênita (um padrão comportamental repetitivo) através das Investigações do Inconsciente, nas várias encarnações que são acessadas durante o Tratamento e, com isso, encontrar sua proposta de Reforma Íntima. Ou seja, quais características inferiores do seu ego vêm tentando melhorar, desde as infantis, as adolescentes e as adultas, até alcançar o grau final, o ego ancião.

2. Avançado – colaborar para que ocorra a reintegração do ego ao Eu divino, a nossa verdadeira Essência.[4]

Na grande maioria das vezes, o tratamento se inicia pelo nível básico, e se a pessoa tem vontade, persistência e verdadeiro desejo de evoluir, passa, gradativamente, para o nível avançado.

---

[4] Texto extraído do *portalabpr.org*

Capítulo 6

DIRCEU DA COSTA: MENTOR "PRETO VELHO"

Dirceu da Costa, falecido em 1742, viveu na escravidão, na Bahia, informação adquirida através de uma irmã de jornada, Jaqueline Caldart. E foi me apresentado também em uma Investigação do Inconsciente, na qual me submeti no grupo de estudos, em 21/04/2012.

Até pensei que fosse uma encarnação passada que meu espírito havia vivenciado, mas quando resolvi escutar a gravação tempos depois (07/06/2013), confirmou-se que era mais um Mentor a trabalhar comigo nesta encarnação.

E mais: Sofia (minha filha) foi a sua última encarnação!

Dias depois (13/06/2013) ele deu passagem pela minha pessoa, na sessão de abertura do Centro Espírita, enviando uma breve mensagem falando sobre preconceito racial, fato que deve ter marcado muito sua vida como trabalhador escravo.

Fiquei muito emocionado com a permissão do mundo espiritual à vinda desse humilde "Preto Velho".

Seja bem-vindo, "Pai Dirceu"!

Cada vez mais fico grato com a possibilidade de poder auxiliar o mundo espiritual, com o suporte dos Mentores, tanto nos trabalhos do Centro Espírita como na Psicoterapia Reencarnacionista, principalmente, pois é um excelente exercício de humildade, sendo o nosso papel apenas nos submetermos aos Mentores, e seguirmos fielmente as instruções intuídas, no meu caso específico, apesar de sermos "os terapeutas".

Se acaso quisermos agir como terapeutas, colocando as nossas opiniões e o nosso ego à disposição, estaremos fadados ao fracasso, comprometendo todo um trabalho muito sério que nos foi designado e infringindo a ética proposta pela ABPR.

Importante ressaltar que esta vida atual, em que estamos encarnados, é apenas a pontinha de um iceberg que avistamos a margem do rio. O que vem abaixo, invisível aos nossos olhares, seria a atuação do plano astral (ou espiritual) por detrás deste mundo visível.

Se tivermos ciência de que somos seres espirituais e não seres humanos, ficaremos mais atentos às sensações (atuação do mundo invisível) do que àquilo que nossos olhos são capazes de ver, ou seja, o mundo da matéria, que é meramente ilusório.

Infelizmente, a maioria das pessoas crê apenas naquilo que se vê.

Quem assistiu ao filme *Nosso Lar* e acredita nessa realidade tem uma ideia do que estou comentando. Posso dizer com propriedade, pois, nas duas primeiras Investigações do Inconsciente que vivenciei, os Mentores me levaram até lá (Mundo Espiritual) e é impressionante a semelhança, conforme abordada no filme: os cenários, as paisagens, os ministérios, as pessoas vestindo roupas brancas... Impressionante mesmo! Afirmo que a produção cinematográfica do filme não se utilizou de nenhuma ficção científica a fim de representar a história, conforme narrada e vista. Com certeza foi obra de quem teve o privilégio de ter feito uma visita por lá também!

Daí vem a pergunta: como é possível, através de uma simples Investigação do Inconsciente, ser levado até o Mundo Espiritual, em plena consciência, mesmo estando encarnado?

Até meados deste ano, a Investigação do Inconsciente era denominada de Regressão Terapêutica, na qual os mentores nos proporcionavam acessos até encarnações passadas. De uns cinco anos para cá, além de acessos a encarnações passadas, vivenciamos tratamentos energéticos e espirituais, aqui e em outros planos e universos, com tecnologia muito avançada, e até progressões, viagem ao futuro.

Com essa nova denominação não temos dúvidas de que dentro da Psicoterapia Reencarnacionista e da Investigação do Inconsciente tudo é possível...

Capítulo 7

LAÍS:
UMA CRIANÇA DA NOVA ERA

07/12/2009, 22h40, Hospital e Maternidade Santa Catarina, Dr. Boris Kogan, o mesmo obstetra que fez o parto da Sofia, "trouxe" Laís ao mundo. E ela veio berrando, pude acompanhar!

Alegria indescritível, pois pouco mais de dois anos havíamos passado pelo maior drama de nossas vidas, naquele mesmo hospital. Só que dessa vez foi totalmente diferente. Nossa filha nasceu muito saudável e esbanjando vitalidade em cada movimento.

Desde o nascimento até o primeiro banho, tudo foi registrado e armazenado nos arquivos que fariam parte de nossas histórias a partir de então.

Os familiares estavam angustiados, já que chegamos lá por volta das 17h30. É que devido ao grande número de grávidas internadas, tivemos de esperar. E só pudemos avisá-los por volta da meia-noite.

Todos se emocionaram, pois a passagem da Sofia estava muito forte nas lembranças, e o temor de que tudo se repetisse era imenso. Mas, graças a DEUS, tivemos o privilégio de viver um dos dias mais felizes de nossas vidas. Gratos!

Os anos foram passando e, Laís está com nove anos e nove meses exatos, na data da criação deste texto.

Aos poucos fomos percebendo que ela apresenta algumas atitudes atípicas para a sua idade. O fato de conversar sozinha no berço, assim que proferiu as primeiras palavras, com alguns meses de idade, indicava que estava a falar com algum ser desencarnado. Desconfiávamos que brincava com a irmãzinha Sofia, fato que foi confirmado alguns anos depois, em uma das vezes em que ela (Sofia) veio nos passar algumas mensagens, através do meu "aparelho" (corpo, no vocabulário do Espiritismo).

Laís tem um nível de consciência muito apurado e só bebe água, ao invés de suco. Refrigerante, nem pensar. Diz que "queima" a língua!

Todas as vezes que comete alguma travessura, coisas da idade, percebemos que ela realmente se arrepende e seus pedidos de desculpa são do fundo da alma, não da "boca para fora". Vem até nós, com toda a sua meiguice, olha-nos no fundo dos olhos e diz aquelas palavras "mágicas": "Desculpa, mamãe/papai!".

Um fato marcante, que nos levou a desconfiar que ela seja da Nova Era: dia 03/11/2011, numa quinta-feira à noite, ela estava com febre devido a uma otite (inflamação no ouvido), e por volta das 22h, teve uma convulsão febril. Entramos em desespero, pois a impressão foi que ela estava desencarnando.

De repente, ficou sem cor, lábios roxos, olhos virando, endurecendo e fria! Foram apenas alguns segundos, mas que nos causa aflição até hoje só de lembrarmos.

Liguei para o Samu e eles nos deram as instruções necessárias, a fim de prestarmos os primeiros socorros. Reestabelecidos os ânimos, Regina ligou para sua prima Kiyomi, enfermeira, e ela nos orientou para que fôssemos ao pronto socorro urgentemente.

Chegamos ao Hospital Santa Catarina por volta das 23h e saímos de lá no dia seguinte, lá pelas 7h. Nesse período ela foi atendida por três médicas, e a segunda delas pediu para que ela fosse isolada, pois ela suspeitava ser meningite. Ficamos em uma sala isolada, com máscaras no rosto e aquela angústia no peito.

Para se ter certeza do diagnóstico, tentaram tirar um líquido da coluna dela, na região lombar. Ela foi "espetada" três vezes, sem sucesso. O médico que fez tal procedimento ficou surpreso com o ocorrido e nos disse em 20 anos de experiência, foi a primeira vez que isso acontecia em suas mãos.

O desespero predominou quando soubemos que teríamos que aguardar por seis horas para que a tentativa de coleta do líquido fosse repetida, devido à agressividade do processo. Só ficávamos imaginando a dor que Laís havia sentido nesse dia.

Mas, para o nosso alívio geral, a terceira médica que a examinou (de verdade, literalmente, pois foi a única que chegou até perto dela), afastou a hipótese de meningite e viu que não passava de uma inflamação na garganta.

Passado o susto, fomos liberados e voltamos para casa.

À tarde, às 15h, passamos no Dr. Rubens Uehara, pediatra da Laís até hoje, e ele nos proporcionou grande alívio, pois disse que a convulsão febril é um quadro normal em crianças até cinco anos de idade, e benéfico também! Tal afirmação nos causou muito espanto, já que a impressão que se passa, quando vivenciado tal fato, é das piores possíveis. Só quem presenciou sabe do que estamos falando.

Ele explicou que é uma reação positiva do organismo, pois faz com que o corpo estranho seja eliminado da forma mais rápida possível.

Afinal, possuímos uma das "máquinas" mais perfeitas que DEUS criou: o corpo humano.

Mas, por desencargo de consciência, ele nos pediu que consultássemos um neurologista e um otorrino infantil.

Fomos ao neurologista, Dr. Carlos A. Takeuchi, e foi tudo tranquilo, nada de anormal, disse que a saúde dela estava perfeita. Com a otorrino, Dr.ª Eliézia Alvarenga, falou-se da otite, mas nada demais.

O desvendamento dessa história toda é que no dia seguinte, sábado, dia 05/11/2011, seríamos padrinhos de casamento de uma prima. Devido ao estado da Laís, o Dr. Rubens pediu para que não fôssemos à festa, pois não valia a pena expor nossa filha no meio de tanta gente, pois ela estaria vulnerável a qualquer outro tipo de infecção. Decisão acatada com certa "dor", mas a saúde dela estava em primeiro lugar.

Comunicamos aos noivos pessoalmente e eles ficaram muito chateados, mas compreenderam a situação. Desejamos toda a felicidade ao casal e assim findou o dia.

Depois desses dois dias de correria e preocupações, no sábado, a Laís só acordou por volta das 11h, e achamos que era porque ela estava muito "cansadinha" após essa dura "maratona". Surpreendentemente, ela despertou como se nada tivesse acontecido. Verificamos as costas, se não sentia dores, pois havia tomado várias picadas de injeção, mas estava bem. Ela não parava de correr pela casa, toda animada. Nós lhe dissemos que não iríamos à festa devido ao que tinha acontecido, e ela simplesmente nos disse que queria comer o bolo de casamento da "Tia" a qualquer custo.

Ficamos pensativos por alguns momentos e concluímos que deveríamos ir à festa sim! Regina ligou para a noiva, e não preciso nem dizer que as duas foram aos prantos no telefone. Não seríamos mais padrinhos, obviamente, mas chegamos à igreja juntamente com a noiva, que fez questão de ver a Laís, para ver se realmente estava bem.

Fui autorizado a subir ao altar durante a cerimônia, pois havia recebido, naquele mesmo dia, algumas mensagens de entes desencarnados, que deveria transmitir na hora dos cumprimentos finais à noiva.

O motivo disso foi um grave atrito familiar que envolvera a todos há quase 30 anos, e que deixara muitas sequelas emocionais, principalmente à noiva.

Eis o desfecho do ocorrido com Laís: obra do Mundo Espiritual, o fato nos impediu de sermos os padrinhos, forçando a noiva a optar por pessoas que não seriam escolhidas em condições normais, revelação esta que recebi dias após, através de Sofia (que seria afilhada da noiva se estivesse encarnada).

Algum familiar que estiver lendo este texto e quiser saber o enredo dessa história, conto pessoalmente. E a quem não é familiar, vai ficar apenas na curiosidade (risos).

O que posso esclarecer aos leitores é apenas a conclusão a que chegamos, pois cada família tem as suas marcas registradas.

O Plano Espiritual age de maneira perfeita, que não nos cabe julgar ou obter uma explicação racional.

Laís foi o "instrumento", a causa desse transtorno todo, que forçou a noiva a recorrer a outros padrinhos de forma inesperada, devido à sua espiritualidade avançada.

O incrível é que Laís não apresentou nenhuma sequela. Foi como se nada tivesse acontecido, ou seja, temos uma Criança da Nova Era (*) em casa!

E fica provado que podemos nos programar de maneira coerente a determinadas situações, mas imprevistos acontecem e, na verdade, não temos o controle de nada.

* São as crianças que vieram ao planeta com uma consciência muito elevada, em termos intelectuais e espirituais.

Para quem acredita na teoria da Reencarnação, essas crianças são consciências que estão de regresso, cuja missão é transformar profundamente a humanidade e o mundo e, porque já habitaram muitas vezes este ou outros planetas, esses ou outros assuntos são, para elas, perfeitamente normais, sendo discutidos com naturalidade, pois não podemos nos esquecer de que elas vêm preparadas para a mudança, ou seja, elas são a própria mudança, que já está entre nós...

Características comuns que mais se sobressaem nos Índigo, Cristais e em outras crianças e jovens da Nova Geração:

São mais sensíveis que as outras crianças.

São mais intuitivas, perceptivas e até psíquicas, em vários graus.

São determinadas e têm um importante propósito de vida global.

São coerentes e autênticas, existe correspondência entre coração, mente, palavras e ações.

Percebem facilmente a falta de verdade, integridade e honestidade.

Acreditam e mostram muita paixão por valores como a vida, o amor e a justiça.

Quando são jovens, e até adultos, têm forte sentido de serviço e ajuda comunitária.

Por natureza, não criticam nem julgam os outros.

Em geral, têm grande senso de humor.

Precisam muito de água, natureza, arte, roupa de fibra natural, exercícios físicos e de um ambiente equilibrado e seguro, tanto física como emocional, psíquica e espiritualmente.

Requerem a presença de adultos emocionalmente estáveis.[5]

---

[5] Texto extraído do livro *Crianças índigo – Uma geração de ponte com outras dimensões... No planeta Índigo da Nova Era*, de Tereza Guerra.

Capítulo 8

TAI CHI CHUAN (*): ARTE MARCIAL, GINÁSTICA E MEDITAÇÃO EM MOVIMENTO

Atividade que venho praticando desde novembro de 2011, duas vezes por semana, pela manhã, fazendo parte de um grupo de 12 pessoas, das quais 11 são mulheres, na faixa etária entre 40 a 80 anos de idade. Sou o único indivíduo "diferente" dessa turma, juntamente com o Prof. José Roberto Batalha.

Essa aventura começou quando avaliei uma cliente pela Reflexologia, D. Luzia, sogra de meu primo Valmir, sendo a queixa principal, à época, artrose nos joelhos.

Devido à idade dela, mais de 70 anos, imaginei que o caso fosse delicado, com muitas dores e limitações físicas. Mas, para minha agradável surpresa, praticamente não apresentava dores e a disposição dela era impressionante, e prossegue até hoje.

Muito ativa, já que cuida dos afazeres domésticos, frequenta aulas de sanshin (instrumento musical okinawano) e karaokê, e participa de concursos e festivais em quase todos os finais de semana, fato que me atentou à prática do Tai Chi Chuan. Ela me disse que as dores no joelho a incomodavam muito, mas depois que começou a aprender essa magnífica prática milenar chinesa, havia muito tempo não sabia mais o que é dor. Daí veio meu interesse, então fui apresentado ao grupo, que já existe há seis anos, e passei a fazer parte, graças à D. Luzia.

Aprendo muito com essas mulheres e a convivência é muito agradável. O que mais chama a atenção é a dedicação e a paciência delas, pois não é para qualquer um se submeter a tal prática. No meu caso, está sendo muito proveitoso, pois é um excelente exercício para dominarmos o nosso ego e nos submetermos a algo.

* *Tai Chi – História* / **Por Waysun Liao, autor do Livro** *Tai Chi Classics.*

O que é Tai Chi?

Tai Chi é um modo de vida que tem sido praticado pelos chineses por milhares de anos.

Nós devemos observar dentro de três áreas, de maneira a compreender completamente a história do Tai Chi:

1. seu fundamento filosófico;
2. como se desenvolveu como uma arte marcial e
3. como a instrução do Tai Chi tem sido passada de geração a geração.

Os Chineses conceberam a mente humana como algo de dimensões ilimitadas, mas o campo de atividade humana como algo moderado.

O foco de seu objetivo era uma filosofia unificada da vida humana e uma simplificação das crenças. Esse foi o nascimento daquilo que hoje conhecemos como pensamento Tai Chi.

Tai Chi tornou-se o poder invisível, que guiou os movimentos da história chinesa por milhares de anos. Deu um tremendo ímpeto àquela fabulosa cultura, mostrando sua influência em áreas, desde a medicina até a dietética, das artes à economia.

Tai Chi significa "o supremo". Isso significa melhorar e progredir em direção ao ilimitado; significa a existência imensa e o grande eterno.

Todas as várias direções em que a influência do Tai Chi foi sentida foram guiadas pela teoria dos opostos: o Yin e o Yang, o negativo e o positivo. Algumas vezes são chamados de princípio original. Também se acreditava que as várias influências do Tai Chi apontavam em uma direção só: em direção ao supremo.

De acordo a teoria do Tai Chi, as habilidades do corpo humano são capazes de serem desenvolvidas além de seu potencial normalmente concebido.

A civilização pode evoluir aos mais altos níveis de aquisição.

A criatividade não tem fronteiras de qualquer tipo e a mente humana não deve ter restrições ou barreiras para desenvolver suas capacidades.

Se atinge o nível supremo, ou se desenvolve naquela direção, através da escala dos poderes equilibrados e seu movimento natural; Yin, o poder negativo (repouso), e Yang o poder positivo (ação).

Desde o ponto de vista dessa teoria, é a inter-relação de forças construtivas ou destrutivas que faz com que a essência da vida se materialize e que o mundo material se manifeste. E os movimentos espiralados dessas forças parecem infinitos.[6]

---

[6] Texto extraído do site da Sociedade Brasileira de Tai Chi Chuan (*www.sbtcc.org.br*).

Capítulo 9

CONSTELAÇÃO FAMILIAR OU SISTÊMICA

Técnica terapêutica que acessa os movimentos mais profundos da Alma. Essa Alma, à qual nós pertencemos, e que também inclui a nossa Família.

A interligação Familiar é vivenciada em nosso destino como sucesso, alegria e força, mas muitas vezes também como problemas de saúde, prosperidade, relacionamentos complicados, sentimentos de tristeza e depressão.

Foi por meio dela que vieram vários esclarecimentos em relação aos movimentos da vida atual, muitas respostas até então misteriosas, e nem se fazia ideia da origem dos muitos conflitos existenciais.

A Constelação Familiar ou Sistêmica olha para as diversas consciências às quais somos tomados. Sabendo ou não, querendo ou não, gostando ou não, pertencemos a um grupo, a um sistema, a uma família, funcionamos assim.

Nosso corpo físico funciona num sistema: nossa sociedade, a natureza, as empresas, o planeta, as estrelas. Fazemos parte de uma constelação, por isso, o alemão Bert Hellinger chamou essa forma de interpretarmos essas relações de Constelação.

Cada encontro com ele é um movimento grandioso em direção às infinitas possibilidades de amadurecimento de alma. Não tem como explicar como ocorre o processo da Constelação Familiar ou Sistêmica. Só vivenciando mesmo para poder falar alguma coisa. Seria como participar de uma peça teatral de improviso, sem ensaios, nem scripts, em que onde cada cena acontece naturalmente, conforme a energia do momento ali presente.

Escolhem-se pessoas espectadoras, desde que elas concordem, para representarem familiares (pai, mãe, filhos, avós e até seres já falecidos...) e coisas como trabalho, profissão, corporações etc., da pessoa constelada, que apenas assiste.

O terapeuta pede para os indivíduos participantes se posicionarem e fazerem certos movimentos dentro do espaço em que estão distribuídos, e em cima disso vão se desvendando as situações a serem resolvidas. A partir daí, a própria pessoa constelada chega a várias conclusões, através da identificação com os fatos ali ocorridos, e com o auxílio do constelador, que ajuda a esclarecer os assuntos em questão ao final do processo.

No meu caso, o primeiro contato que tive com a Constelação Familiar foi como mero espectador, pela terapeuta Ivete Costa (www.ivetecosta.com.br), parceira e hoje amiga, quando participei de todas em que fui solicitado naquele dia.

Lembro-me que foi no primeiro sábado de julho de 2013 e que passei muito mal (tosse e rouquidão) durante o decorrer do mês, pois trabalhamos várias questões nossas "por tabela", só pelo fato de participarmos das constelações.

Segundo a Ivete, acabamos nos identificando com as situações ali vivenciadas, mesmo não fazendo parte da vida dos constelados, e que mexem profundamente com a nossa consciência, causando até enfermidades, como no meu caso.

Na primeira constelação que vivenciei, um mês depois, meu avô materno desencarnado, teve presença muito marcante, sendo praticamente o "ator principal da peça". O fato de ele ter falecido muito jovem, 26 anos na época, deixando minha avó materna, aos 21 anos, com quatro filhos pequenos: meu tio, com cinco anos; minha mãe, com quatro; e duas tias, com três e um ano de idade, respectivamente, deixou muita curiosidade, pois até hoje não sei muito de sua história.

Percebeu-se a revolta dele com a situação imposta.

Alguns dias após, resolvi passar por uma Investigação do Inconsciente, a fim de saber qual o significado de tudo que presenciei na constelação, o porquê dessa presença tão marcante até então. Para minha grata surpresa, os mentores me revelaram que eu, hoje como Marcio Higa, sou a reencarnação desse meu avô materno Kamesuke Taira!

O interessante é que passei pela segunda vez na encarnação de minha mãe (D. Genny Taira Higa, onde quer que esteja, TE AMO!), como pai, apesar de ela não ter *muita* lembrança dele, e agora como filho! Numa outra Investigação do Inconsciente a que me submeti, mostraram que fui mãe dela, numa tribo africana, ela como menina e "eu" desencarno no parto dela!

Fica, então, comprovada a tese da Psicoterapia Reencarnacionista, que considera toda família como se fosse uma peça teatral, na qual existe um enredo e os atores (espíritos). O que muda são os cenários (encarnações) e o papel dos atores (ora pai, ora mãe, ora filho etc.).

Capítulo 10

GRUPOS DE IINP (INVESTIGAÇÃO DO INCONSCIENTE NÃO PESSOAL)

No início de 2014, recebi outra missão dentro da PR (Psicoterapia Reencarnacionista), que era a de coordenar o grupos de IINP (Investigação do Inconsciente Não Pessoal [*]) , modalidade de Investigação do Inconsciente (**), criada e desenvolvida pelos irmãos de jornada e amigos, Roberto Tadeu e Denise Carillo.

Por motivos maiores, esse casal "me passou o bastão", a fim de dar continuidade a esse projeto conhecido internacionalmente, principalmente em Portugal. Atendemos a algumas solicitações de IINP, destinadas aos irmãos desse país.

Explicando resumidamente no que consiste esse trabalho, são pedidos de Investigação do Inconsciente, quando as pessoas não têm condições de comparecer a um consultório de um colega psicoterapeuta reencarnacionista por motivos de saúde, como estado de coma, imobilização de algumas partes do corpo, deficiências físicas e mentais, ou que residem em outros países, estados ou cidades onde ainda não existam profissionais habilitados à prestação desses serviços ou que também se enquadrem em algumas contraindicações em relação à Investigação do Inconsciente, como problemas cardíacos e de pressão arterial, e idade acima de 70 anos.

Na prática, funciona da seguinte maneira: uma pessoa do grupo irá deitar, representando o solicitante, e passará pela Investigação do Inconsciente por esse irmão necessitado. O outro colega irá auxiliar a Investigação do Inconsciente, conforme orientação dos mentores da pessoa que passará pelo processo (IINP). E se os mentores espirituais permitirem, acontecerá a Investigação do Inconsciente.

Aconselha-se sempre aos solicitantes, em primeiro lugar, procurar um tratamento presencial, em que a própria pessoa possa vivenciar as Investigações do Inconsciente, pois a nível consciencial, de informação e de desligamento de alguma sintonia de vidas passadas, é muito mais proveitoso.

Caso se enquadre nos requisitos citados, faz-se o pedido de IINP por meio do meu e-mail (marcio_higa@hotmail.com), e eu o encaminho aos vários grupos espalhados pelo Brasil (RS, SC, SP, RJ, MG, MT, MS, DF e CE).

É um trabalho voluntário muito gratificante, pois tem ajudado muitos irmãos necessitados, com excelentes resultados. As pessoas melhoram sintomas físicos, emocionais, espirituais e mentais de maneira instantânea.

Essa tarefa foi designada a mim devido à facilidade que tenho em acessar, por outras pessoas, na prática. Quantas vezes me "deitei" com a intenção de acessar por mim e, no final, havia acessado por outras pessoas, como meu pai, minha cunhada e pela própria colega que estava auxiliando na Investigação do Inconsciente.

Fatos surpreendentes e que cada vez mais comprovam, com as experiências de consultório e grupos de estudo, que tudo pode acontecer durante uma Investigação do Inconsciente, pois, afinal, quem comanda são os mentores espirituais e acabam auxiliando as pessoas mais necessitadas naquele momento, mesmo não estando presentes ou autorizando. Eis a explicação!

* 1857, no *Livro dos Espíritos*, de Alan Kardec, questão 399, esclarece sobre o "Esquecimento do passado". Os Espíritos referen-

dam a Investigação do Inconsciente Ética, realizada pela Psicoterapia Reencarnacionista, que viria a nós, aqui, na crosta terrena, em 1996, um século e meio depois, trazendo a fusão da Psicoterapia com a Reencarnação, com a utilização da Investigação do Inconsciente dirigida pelos espíritos superiores (Mentores):

"Mergulhando na vida corpórea, perde o Espírito, momentaneamente, a lembrança de suas existências anteriores, como se um véu as cobrisse. Todavia, conserva algumas vezes vaga consciência, em que lhe podem ser reveladas. Esta revelação, porém, só os Espíritos superiores espontaneamente lhe fazem, com um fim útil, nunca para satisfazer a vã curiosidade".

Muito se tem falado, hoje em dia, sobre esse novo método terapêutico, baseado na revivência de fatos do passado, seja dessa ou de outras encarnações.

Cada terapeuta de regressão tem a sua concepção e seus objetivos e existem muitas maneiras de trabalhar com o passado.

Não fazemos a pessoa recordar apenas até o final do trauma. Isso faz com que ela melhore bastante, mas pode ficar sintonizada aí, nesse ponto. Pelo Método ABPR de Investigação do Inconsciente, a pessoa regredida recorda desde o fato traumático até o seu final, continua recordando até a sua morte, o seu desencarne, recorda ter subido para o Plano Astral, até tudo ter passado e referir estar se sentindo muito bem (Ponto Ótimo). Ou seja, na "nossa regressão" (Investigação do Inconsciente) a pessoa recorda uma encarnação passada e o período intervidas subsequente.

A recordação vai desde o trauma até o desencarne, e a pessoa é incentivada a continuar contando a sua subida para o Astral, até chegar lá e, muitas vezes, isso ainda não é suficiente, pois mesmo lá, ainda sente a dor, a tristeza, a raiva, o medo etc.

Então incentivamos a continuar relatando, até nos mostrar que lá no período intervidas, está melhorando, tudo vai passando, aquele medo que sentia, aquela raiva, aquele sentimento de rejeição, aquela solidão, a dor da facada, do tiro etc., até que percebamos que ela recordou que tudo aquilo passou e que ela está se sentindo muito bem.

Aí, vamos preparando o final da sessão. Dizemos a ela, por exemplo, que ela pode relaxar, que está bem, que ela pode acessar outra situação do seu passado ou receber alguma orientação, alguma instrução, dos seus Mentores; aguardamos alguns minutos para termos certeza de que está sintonizada no Astral, e se notarmos ou ela referir que acessou outra vida passada, a Investigação do Inconsciente continua. E se receber uma orientação, uma instrução, pode nos relatar ou guardar para si.

Uma Investigação do Inconsciente é a rememoração do passado em que a pessoa ainda ficou sintonizada, e devemos fazê-la rememorar desde o trauma até quando estava se sentindo bem lá no Astral. É fácil fazer isso; é só levar a recordação até o desencarne naquela vida e incentivar a continuação do relato, contando-nos o que acontece... Após sair do corpo... Para onde vai... Agora que é um Espírito... que pode subir... o que acontece?

Escutamos relatos maravilhosos da subida, ao Plano Astral, e ela fica sintonizada num momento bom, de libertação, e não logo após o trauma quando, frequentemente, ainda sentia dor, medo, tristeza, solidão, raiva, insegurança etc.

O aspecto mais importante desse novo método terapêutico é a Ética.

Essa Terapia lida com o acesso das pessoas a fatos do seu passado, geralmente de encarnações passadas, escondidos no Inconsciente, que ainda estejam lhe afetando, trazendo os sintomas das fobias, do transtorno de pânico, as depressões refratárias, crenças e ideias estranhas, concepções conflitantes, dores sem solução etc., e para que encontre o seu padrão comportamental de séculos.

Existe a Lei do Esquecimento e ela não deve ser infringida, pois é uma circunstância do Espírito reencarnado que, se reencarnasse sabendo do seu passado, certamente não aguentaria o peso dessa memória, seja em relação ao que lhe foi feito como também ao que fez em outras épocas. Imaginem se soubéssemos quem nós e nossos pais, filhos, demais parentes, conhecidos, fomos e fizemos em encarnações passadas. Seria praticamente impossível nossa convivência. E a busca dos resgates, das harmonizações, seria muitíssimo prejudicada se não houvesse o Esquecimento.

Por isso, quando o Espírito reencarna, vem com o seu passado oculto dentro do Inconsciente, e isso deve ser respeitado, ou seja, vem para não saber quem foi e o que houve no passado.

Mas a Investigação do Inconsciente é uma técnica criada e incentivada pelo Mundo Espiritual para ser utilizada no Plano Terrestre, um benefício para o Espírito encarnado, e isso que pode parecer uma contradição, pode ser conciliado, desde que seja observada a Ética em relação ao Esquecimento.

A Investigação do Inconsciente deve ser comandada pelo Mentor Espiritual da pessoa e não pelo terapeuta. Essa é a ética da Investigação do Inconsciente.

A Investigação do Inconsciente não deve nunca ser colocada a serviço da curiosidade e não devemos infringir a Lei do Esquecimento conduzindo a Investigação do Inconsciente, dirigindo o processo, ajudando a pessoa a saber coisas como "Quem eu fui em outras vidas?", "Quem eu e minha ex-esposa fomos?", "Por que meu filho me odeia?" etc., e, sim, permitir que o Mentor Espiritual da pessoa, dentro do seu merecimento, mostre-lhe e possibilite seu acesso ao que pode ver, ao que merece ver, ao que aguenta ver...

Para respeitar totalmente a Lei do Esquecimento, nós não direcionamos a recordação (Investigação do Inconsciente) para o motivo da consulta, para a queixa da pessoa, para o que lhe incomoda, pois isso pode ser eticamente permitido ou não.

O que fazemos é, em todos os casos, um procedimento padrão de relaxamento e elevação da frequência, para que a pessoa coloque-se ao acesso de seus Mentores e eles oportunizem a ela encontrar o que pode e deve acessar.

O nosso cuidado com a ética vai ainda mais além do que a atenção dada a ela durante o processo regressivo. Nós não atentamos para o motivo da queixa da pessoa, o que lhe moveu a realizar um tratamento, o seu sintoma principal.

Evidentemente, nós queremos que cada pessoa que nos procura liberte-se do que lhe aflige, seja uma fobia, o pânico, uma depressão, uma dor física ou uma sensação de solidão, abandono, rejeição etc., mas nós nunca dirigimos a recordação para isso, nós não direcionamos a Investigação do Inconsciente; todo o comando do que vai ser acessado é do Mundo Espiritual.

Aí já começa a nossa ética.

Concordamos com algumas pessoas do movimento espírita que se opõem à Terapia de Regressão pois, realmente, existem terapeutas realizando regressão sem cuidados com a Ética, conduzindo o processo, dirigindo a sessão, fazendo com que a pessoa veja coisas que não poderia ver, acessar fatos que não deveria acessar e até reconhecer pessoas com as quais convive hoje. Isso é errado, perigoso e, na nossa opinião, antiético.

A Investigação do Inconsciente tem uma ação terapêutica potencial, que é poder desligar a pessoa de situações traumáticas de uma ou mais encarnações passadas, às quais está ligada, como se ainda estivesse lá, mas tudo está dentro do merecimento e quem sabe se a pessoa merece libertar-se de uma situação traumática do seu passado é o seu Mentor Espiritual e não nós.

Por isso, não dirigimos as recordações, somos auxiliares do Mundo Espiritual.

Uma grande parcela dos terapeutas de regressão, em todo o mundo, faz com que o seu paciente reviva apenas até o final do trauma do passado, mas isso pode ser uma regressão incompleta, pois onde termina a regressão fica a sintonia. E se ele, após o trauma, ainda não estiver bem?

Investigação do Inconsciente para desligamento é uma rememoração do momento traumático do passado em que a pessoa ainda ficou sintonizada, com a intenção de ajudá-la a libertar-se daquela sensação, e ela pode rememorar desde o trauma até quando estava se sentindo bem lá no Astral. Não necessita parar logo após o trauma ou no momento da morte.

E é fácil fazer isso. É só incentivar o relato até o seu desencarne naquela vida e incentivá-la a continuar contando, após sair do corpo, dizendo, por exemplo: "E agora que teu corpo morreu, para onde tu vais?"; se ela ainda não lembra: "Agora que tu és um Espírito... que podes subir... o que acontece?"; quando ela começa a contar: "Continua, vai me contando..." etc.

Não estamos interferindo na investigação, apenas incentivando o seu relato a prosseguir. Com isso, ficará sintonizado num momento muito melhor, logo após o trauma ou na morte naquela vida, quando, frequentemente, ainda sentia dor, medo, tristeza, solidão, raiva, insegurança etc.

Nós somos auxiliares da recordação.

A Psicologia e a Psiquiatria oficiais, coerentes com um Consciente Coletivo não reencarnacionista, determinado pelas concepções das Religiões aqui predominantes, não lidam com a Reencarnação sem perceber que estão moldadas a crenças religiosas limitadoras.

Com isso, criam uma espécie de autoasfixia, que limita os seus raciocínios diagnósticos e terapêuticos apenas da infância à morte, limitando-se à nossa persona atual.

A Psicoterapia Reencarnacionista vem para auxiliar na libertação dessas instituições oficiais dessa limitação religiosa, propondo uma infinita expansão para o passado e para o futuro.

A Reencarnação, até hoje encarada apenas como um conceito religioso, entra agora no consultório psicoterápico e propõe a investigação ética do Inconsciente, a ampliação da visão limitada da persona para nossa verdadeira realidade espiritual e a libertação dos psicoterapeutas de arcaicas amarras religiosas.[7]

---

[7] Texto extraído do *portalabpr.org*

** Modalidade de Investigação do Inconsciente (ver capítulo 11), dentro da Psicoterapia Reencarnacionista, que teve início em Santo André - SP, no ano de 2011, com os irmãos de jornada e amigos, o casal de ministrantes Roberto Tadeu Soares Pinto e Denise *Carillo*. Atualmente, estou à frente desse departamento, como coordenador nacional dos Grupos de IINP da ABPR.

Pode-se realizar Investigação do Inconsciente Não Pessoal em uma pessoa que esteja impossibilitada de comparecer ao consultório, que resida em outro país, que esteja doente ou hospitalizada, que seja usuária de substâncias e não queira vir a tratamento, que não consiga acessar por inquietude ou impaciência, ou não consiga abrir mão do comando, que tenha um medo inconsciente de ver o seu passado, e outros motivos.

A Investigação do Inconsciente Não Pessoal é feita com o auxílio de um familiar que tenha uma boa afinidade com a pessoa (sua mãe, seu pai, um filho), ou algum(a) amigo(a), ou algum colega, ou alguém de uma de nossas equipes de Investigação do Inconsciente Não Pessoal gratuitos.

Pede-se autorização aos Mentores Espirituais da pessoa que queremos ajudar, iniciamos a Investigação do Inconsciente pelo Método ABPR: o relaxamento do corpo físico e a elevação da frequência, sem conduzirmos a recordação.

Quando a pessoa que está realizando a Investigação do Inconsciente Não Pessoal começa a relatar o que acessou, o procedimento é similar à Investigação do Inconsciente direta. Mas é importante que fique claro que a Investigação do Inconsciente Não Pessoal nunca é superior à Investigação do Inconsciente vivencial no aspecto consciencial, e o seu uso nunca deverá generalizar-se, pois o ideal é que a própria pessoa vivencie o seu passado, recorde ela mesma o que lá aconteceu, a sua chegada ao Plano Astral, o que lá aprendeu, do que se arrependeu, o que entendeu etc.

A Investigação do Inconsciente Não Pessoal é apenas para casos em que a investigação vivencial não seja possível.

Com a banalização da Investigação do Inconsciente Não Pessoal corre-se o risco do psicoterapeuta ficar preguiçoso, não se esforçar devidamente na utilização das Táticas para a Investigação do Inconsciente, desistir facilmente caso a Investigação do Inconsciente de uma pessoa não avançar, intensificar sua ansiedade ou impaciência e, ao menor sinal de que uma Investigação do Inconsciente vai demorar ou que a pessoa demonstre uma dificuldade ou bloqueio para acessar, já decida que ela não acessa e indique a Investigação do Inconsciente Não Pessoal.

Outro risco da banalização da Investigação do Inconsciente Não Pessoal é abusar das pessoas que se prestam a colaborar com esse procedimento.

A Investigação do Inconsciente Não Pessoal pode ser feita com a pessoa presente ou ausente.[8]

---

[8] Texto extraído do *portalabpr.org*.

Capítulo 11

REIKI:
O MÉTODO DE CURA DE JESUS

Reiki (*) é um sistema de cura pelo toque das mãos de incomparável simplicidade e eficácia, que nos foi apresentado pela nossa companheira e irmã de jornada, Tereza Zuccoli, Mestra em Reiki, até então aluna do curso de PR (Psicoterapia Reencarnacionista), em 2015, para quem foi revelada a missão de implantar o Reiki no Instituto Sofia Higa (ver capítulo 13) em uma de suas Investigações do Inconsciente durante o curso.

*A história do Reiki Tradicional começa na metade do século XIX, com Mikao Usui, que era diretor da Universidade Doshisha, em Kyoto, Japão, e também um pastor cristão.

Quando seus alunos pediram que mostrasse o método de cura de Jesus, Usui iniciou uma busca, que durou dez anos, para encontrar e aprender a técnica. Autoridades cristãs do Japão lhe disseram que essa cura não devia ser assunto de discussão e muito menos conhecida. Usui buscou a informação no Budismo.

Há semelhanças surpreendentes entre a vida de Buda na Índia (Sidarta Gautama, 620-543 a.C.) e a vida de Jesus histórico.

Monges budistas disseram a Usui que o antigo método de cura espiritual fora perdido e que a única maneira de se aproximar dele era por meio dos ensinamentos budistas, o Caminho da Iluminação. Mikao Usui viajou então para os Estados Unidos, onde viveu durante sete anos. Não encontrando resposta entre os cristãos, entrou para a Escola Teológica da Universidade de Chicago.

Ele diz que ali recebeu o grau de Doutor em Teologia, depois de estudar religiões comparadas e filosofia. Também aprendeu a ler sânscrito, a língua erudita antiga da Índia e do Tibet. Ainda assim, Usui não encontrou respostas para a busca desse método de cura.

Não se faz mais referência a Mikao Usui como cristão ou pastor, somente como budista, que, depois de voltar ao Japão, residiu num mosteiro zen.

O que é hoje conhecido como Reiki já era conhecido na Índia, no tempo de Sidarta Gautama (Buda).

O Reiki foi parcialmente descrito nos Sutras Budistas (escrituras sagradas), mas foi transmitido mais provavelmente por meio de ensinamentos orais.

Como essa técnica de cura Reiki – embora seja uma palavra japonesa, não era esse o seu nome no princípio – chegou até Jesus, no Oriente Médio?

De acordo com o pesquisador e escritor alemão Holger Kersten, em seu fascinante livro *Jesus lived in Índia* (Element Books, Ltda., 1991), Jesus foi um Bodhisattva reencarnado, como foi descrito antes – um Tulka. Seu nascimento era esperado por membros de uma ordem budista, e os "Três Reis Magos" seguiram a conjunção astrológica incomum do ano 5 a.C. para encontrá-lo.

A essa altura, o Budismo tinha se espalhado pelo Oriente e havia centros budistas na maioria dos países do Oriente Médio. Nessa época, Jesus tinha dois anos de idade e estava em perigo por causa de Herodes, que recebera a profecia de que um líder essênio recém-nascido desafiaria o comando romano.

Um mosteiro essênio tipicamente budista existia em Qumran, perto das cavernas que mais tarde guardaram os Manuscritos do Mar Morto. Sendo uma ordem mística e possivelmente budista, os Essênios sabiam dessas profecias. Entre os ensinamentos essênios, incluem-se os conceitos de reencarnação e karma, de imortalidade da alma, de paz misericordiosa e de vida simples.

Reconhecendo no menino Jesus o Tulka que eles buscavam, ou talvez mandados pelos essênios, que o reconheceram, os "Reis Magos" levaram com eles o menino e sua família para o Oriente. A criança cresceu e foi educada, primeiro no Egito e, mais tarde, na Índia.

Tendo acesso a ensinamentos do Budismo Mahayana e Vajrayana, ele voltou a Jerusalém como adulto, um adepto budista e um agente de cura Reiki. Ele também era um Bodhisattva.

Holger Kersten vai além para desvendar a vida de Jesus, apresentando argumentos lógicos para a possibilidade de que ele tivesse sobrevivido à Crucificação. Existem numerosas menções a Jesus como Issa ou Yuz Asaf, nos Sutras Budistas, e como Ibn Yusf, nas escrituras islâmicas. A maioria das fontes descreve seu passado ou se refere às cicatrizes da crucificação, tornando sua identificação inegável.

Jesus sobreviveu à crucificação e viveu uma vida muito longa e respeitada na Índia, como um homem sagrado.

Os túmulos de Maria, de Maria Madalena e de Yuz Asaf (Jesus) são conhecidos e considerados como lugares de peregrinação em Mari, no Paquistão (Maria); em Kashgar, na Índia (Maria Madalena); e em Srinagar, na Índia (Jesus). Os locais estão claramente demarcados.

Kersten cita 21 documentos que descrevem a residência de Jesus em Kashmir, na Índia, depois da crucificação, além de várias indicações de nomes e lugares. A maior parte dessas informações eruditas tem sido suprimida pela Igreja Cristã, que reflete mais os ensinamentos de Paulo do que a influência budista de Jesus.

O Jesus histórico é uma figura fascinante e sua presença na história do Reiki é justificada. Se ele também ensinou a outros esse método de cura – e o Novo Testamento afirma que ele o ensinou, pelo menos, aos seus discípulos –, então o Reiki se espalhou pelo mundo antigo, além da Índia, por uma região muito maior do que se tem conhecimento.

Na doutrina cristã esse ensinamento provavelmente se perdeu devido à intervenção de Paulo, que parece ter reinterpretado os ensinamentos de Jesus.

Por volta do século V, os conceitos fundamentais de renascimento e karma foram retirados dos cânones da Igreja e o método de cura de Jesus – que poderia ter ajudado a tantos – também se perdeu para o Ocidente em desenvolvimento. A cura permaneceu ativa apenas entre os adeptos budistas, que a usaram, mas não divulgaram sua existência.

Mikao Usui voltou ao Japão e fixou residência num mosteiro zen-budista; ali encontrou os textos que revelaram a fórmula de cura que, agora, ele podia ler no original, em sânscrito. Entretanto os textos não incluíam a informação de como ativar a energia e fazê-la funcionar.

Como tem sido afirmado, essa falta de informação nos Sutras era intencional, feita com frequência para manter os poderosos ensinamentos longe do alcance de mãos não preparadas para conhecê-los e usá-los corretamente.

Hawayo Takata narra isto:

Ele estudou a versão sânscrita e, mais tarde, depois de estudos profundos, encontrou a fórmula.

Clara como o dia.

Nada difícil, mas muito simples.

Como dois e dois são quatro...

E então disse:

"Muito bem, eu a encontrei.

Agora, tenho que interpretar isso porque foi escrito há 2.500 anos.

Mas tenho de passar pelo teste".

O teste foi um período de três semanas de meditação, de jejum e orações no monte Koriyama, no Japão. Ele escolheu o local da meditação e reuniu 21 pedras pequenas à sua frente para marcar o tempo, jogando fora uma pedra ao final de cada dia.

Na última manhã dessa busca, um pouco antes de clarear o dia, Usui viu um projétil de luz vindo em sua direção. Sua primeira reação foi fugir do projétil, mas, então, ele pensou e decidiu aceitar o que estava vindo em resposta à sua meditação, mesmo que resultasse na sua morte.

A luz atingiu seu terceiro olho e ele perdeu a consciência por certo tempo. Então viu "milhões e milhões de bolhas de arco-íris" e, finalmente, os símbolos do Reiki, como numa tela. Ao ver os símbolos, foi-lhe dada a informação sobre cada um deles para ativar a energia de cura. Essa foi a primeira iniciação do Reiki, a redescoberta de um método antigo por meio da vidência.

Mikao Usui deixou o monte Koriyama sabendo curar, como Buda e Jesus haviam curado. Descendo a montanha, aconteceu o que é tradicionalmente conhecido como "os quatro milagres".

Primeiro, ele feriu um dedo do pé enquanto andava; instintivamente, sentou-se e pôs as mãos sobre ele. Suas mãos ficaram quentes e o dedo machucado foi curado. Segundo, ele chegou a uma casa que servia a peregrinos, ao pé da montanha. Pediu uma refeição completa, algo nada recomendável depois de jejuar por 21 dias apenas com água, mas comeu normalmente. Terceiro, a mulher que o serviu sentia dor de dente e, colocando as mãos sobre a face dela, ele a curou. Quando voltou ao mosteiro, soube que o diretor estava acamado com um ataque de artrite, e ele também o curou.

Usui deu à energia de cura o nome reiki, que quer dizer "energia da força vital universal" e, em seguida, levou o método às favelas de Kyoto. Morou ali por vários anos, ministrando sessões de cura no quarteirão dos mendigos da cidade.

Na cultura e ética de seu tempo, pessoas com deformidades, aleijadas ou com doenças aparentes eram sustentadas pela comunidade, que as tratava como mendigos. Depois de curar essas pessoas, pediu-lhes para começar uma vida nova; no entanto elas voltaram ao antigo modo de viver. Vendo pessoas que ele considerava curadas voltando a esmolar em vez de ganhar a vida honestamente, desanimou e deixou as favelas. E as pessoas ficaram zangadas porque, tendo sido curada das doenças, não podiam mais ganhar a vida como mendigos e teriam de trabalhar.

A experiência de Usui nas favelas é usada como justificativa para os altos preços cobrados hoje em dia pelo treinamento em Reiki, presumindo-se que as pessoas não apreciariam a cura se não pagassem por ela.

A falha de Usui pode ter se dado **não ao fato de os mendigos não terem pago, mas ao fato de ele ter curado apenas o corpo deles, e não sua mente e espírito.**

A doutrina budista não enfatiza a cura do corpo, mas a espiritual, e afirma que esta depende de se entrar no Caminho de Iluminação. Uma vez alcançada a iluminação, a pessoa não precisa mais encarnar, e essa é a maneira de terminar com o sofrimento.

Os budistas apontam o Caminho da Iluminação como o único método de cura verdadeiro e válido.

O Reiki Tradicional de Usui, também chamado de Reiki Ryoho de Usui, é provavelmente o mais próximo daquele que Hawayo Takata trouxe originalmente ao Japão.

Ele ensina o Reiki em três graus, com o Reiki III como treinamento de Mestre/Instrutor. Poucas pessoas são aceitas para o treinamento de Mestre em Reiki Tradicional; mesmo aquelas que podem pagar têm de ser convidadas.

Alguns instrutores de Reiki agora dividem o 3º grau em dois níveis: Grau de Reiki III para praticantes e Reiki III para instrutores. Alguns chamam o grau de Reiki III para praticantes de Reiki II avançado.

Um sistema, Radiância, divide o treinamento Reiki em onze graus, declarando que os níveis mais altos vão além e aprofundam os ensinamentos de Takata. Um maior número de graus também significa custo mais alto.

O Reiki está mudando e evoluindo desde os tempos de Mikao Usui, de Chujiro Hayashi e de Hawayo Takata. Ele está se tornando acessível a um número maior de pessoas, particularmente pelo fato de que alguns instrutores não tradicionais não cobram mais taxas altas.

Como Buda ensinou o método de cura pela imposição das mãos e como Jesus o aprendeu e o ensinou não se sabe mais.

As origens do Reiki precisam ser honradas e, ao mesmo tempo, as mudanças no mundo e as necessidades das pessoas e da Terra precisam ser respeitadas.[9]

---

[9] Texto extraído do livro *Reiki Essencial – Manual completo sobre uma Antiga Arte de Cura* – Capítulo 1, "A História do Reiki", de Diane Stein.

Capítulo 12

TEMPLO DO ARCANJO ARIEL

Templo do Arcanjo Ariel, trabalho trazido pelos nossos irmãos de jornada Eduardo e Katia Orellana ao Instituto Sofia Higa (ver capítulo 13), é uma irradiação de Luz Branca disponibilizada pelo Arcanjo Ariel e pela Grande Fraternidade Branca com o propósito de promover a cura e o equilíbrio.

É organizado pelos trabalhadores da luz com dois objetivos principais: disponibilizar um espaço para que os sacerdotes iniciados na Chama Branca possam atuar com canalizadores dos 12 raios e, segundo, trazer bençőes de cura e ascensão a todos os visitantes.

As orientações e informações sobre esse trabalho são recebidas por meio de canalização do Arcanjo Ariel e de outros membros da hierarquia de Luz. O bem-amado Arcanjo Ariel é um grande ser de Luz que, desde longa data, trabalha no processo de elevação e ascensão do nosso planeta e humanidade.

Auxilia na ancoragem do Corpo de Luz e conduz e prepara os sacerdotes da Nova Era, consagrando-os com a Chama Branca de Luxor da Ressureição e da Vida. Ariel significa "Leão de Deus" ou "Fogo de Deus".

No passado, foi um dos instrutores do Mestre Jesus nos planos sutis e segue, na Era de Aquário, auxiliando o bem-amado Mestre Ascensionado Saint Germain na manifestação da Pureza, Perfeição e Ascensão em todos os níveis.

A Grande Fraternidade Branca é uma grande organização que existe no plano espiritual formada por Mestres Ascensionados, anjos e arcanjos, elohins e por toda uma hierarquia de trabalhadores da luz que nos servem como guias e instrutores.

Por toda a nossa história esses seres iluminados estiveram presentes auxiliando a humanidade a encontrar o caminho de volta à casa do Pai. Grandes avatares, como Jesus, Sidarta Gautama (Buda), São Francisco de Assis e a bodhisattva da compaixão Kwan Yin, são exemplos de seres que compõe essa grande irmandade. Saint Germain é o Mestre Ascensionado do Sétimo Raio da Sagrada Chama Violeta, a quem foram concedidos o privilégio e a responsabilidade de oferecer a liberdade a todos os seres. É o Maha Chohan, ou grande diretor, da Era de Aquário, assim como foi o Mestre Jesus, na Era de Peixes.

É função do sétimo raio ensinar a humanidade a transmutar e purificar os seus erros (carma) com a poderosa Chama Violeta e viver segundo os princípios do Amor Divino e da Liberdade.

Os 12 raios são correntes de energia divina ou irradiações dos atributos e qualidades divinos que estão disponíveis no nosso planeta para toda a humanidade. São sete raios planetários e cinco cósmicos, que atuam qualificando e preenchendo o nosso sistema de quatro corpos, como segue: 1º Raio Azul (Poder), 2º Raio Dourado (Sabedoria), 3º Raio Rosa (Amor), 4º Raio (Pureza e Ascensão), 5º Raio Verde (Verdade e Cura), 6º Raio Rubi-dourado (Amor abnegado), 7º Raio Violeta (Misericórdia e Liberdade), 8º Raio Verde Água-Marinha (Clareza), 9º Raio Magenta (Equilíbrio), 10º Raio Dourado (Prosperidade), 11º Raio Pêssego (Entusiasmo) e 12º Raio Branco-opalino (Bem-Aventurança).

A ancoragem dos 12 raios é uma invocação à hierarquia de Luz da Grande Fraternidade Branca, no qual o discípulo cria um tubo de luz ao redor de seu corpo e o preenche com os atributos e qualidades divinas dos 12 raios.

Realizando a invocação diariamente e com desejo legítimo, essa ancoragem promove: o equilíbrio e a purificação do sistema de quatro corpos (físico, etérico, mental e emocional) e do campo áurico; a ancoragem do Corpo de Luz; a purificação do carma; e maior integração com a divindade e sua Divina Presença EU SOU.

O sistema de quatro corpos, segundo o livro Haja Luz: "Todo indivíduo é revestido de sete corpos: 1º) o corpo eletrônico, 2º) o corpo causal, 3º) a Sagrada Chama Crística do coração. Esses corpos superiores são completos e perfeitos. Os quatro corpos inferiores, cuja natureza deverá transformar-se, são os seguintes: 4º) o corpo emocional (os sentidos), 5º) o corpo mental (inteligência), 6º) o corpo etérico (sede de recordações) e 7º) o corpo físico".

São os corpos inferiores que compõe o sistema de quatro corpos e que precisam de equilíbrio, purificação, cura e integração com os corpos superiores, reconhecendo o Deus que habita o coração de cada um.

Para se tornar um Sacerdote da Chama Branca o indivíduo deve passar pela iniciação na Chama Branca, processo de purificação e ascensão que ocorre através da ancoragem do quarto raio Branco Cristal no sistema de quatro corpos do discípulo. São necessárias sete semanas para realizar esse processo, que é coordenado pelo Arcanjo Ariel e é realizado algumas vezes por ano.

Converse com um dos sacerdotes caso sinta em seu coração o desejo de se tornar um Guardião da Chama Sagrada da Pureza, Perfeição e Ascensão.

O templo do Arcanjo Ariel não é uma igreja e tampouco uma religião, mas está à disposição de todos os filhos de Deus, independente de religião, crença ou filosofia.

Assim que o templo é ancorado, todos podem se beneficiar com irradiações de bênções de cura, purificação e ascensão. Não é um centro espírita e os seres que são canalizados são ascensionados, livres, iluminados e não têm carma, são irradiação de Luz a serviço da humanidade.[10]

---

[10] Texto extraído do site do Templo do Arcanjo Ariel: *https://www.templodeariel.com.br/*

Capítulo 13

INSTITUTO SOFIA HIGA

Em 01/05/2014 foi inaugurado o Instituto Sofia Higa, situado à Rua Piancó, 275 – Vila Prudente, próximo à Estação Metrô Vila Prudente.

Considero essa data como sendo a "inauguração espiritual", pois recebi a visita de Carmen Mírio e Marcello Syring, casal amigo e irmãos de jornada, que deram as bênçãos ao novo espaço, que seria inaugurado oficialmente em 01/06/2014, com a presença de amigos e familiares.

Dentre os amigos presentes tivemos o privilégio de receber o nosso "Mentor Encarnado" ou "Chefe" (Mauro Kwitko), que veio a São Paulo ministrar seu curso de Formação de PR (Psicoterapia Reencarnacionista) e aproveitou a passagem para nos visitar e dar as suas bênçãos também.

Além de atendimentos, grupos de estudos, cursos de PR e Reiki, o Instituto oferece outros atendimentos, com outras terapias, como Cartas Terapêuticas dos Chacras, Reflexologia (Podal e Auricular), Manobras Articulares (Quiropraxia e Osteopatia) e Gregas, Crochetagem (Técnica de Fisioterapia Manual), Biomagnetismo, Barra de Access e Constelação Familiar.

O Instituto tem como missão trazer Saúde, Bem-Estar, Consciência e Poder a quem estiver interessado em obter a cura pela Autoconsciência.

O nome é uma homenagem a Sofia Shimabukuro Higa, nossa primeira filha, que desencarnou em 25/08/2007. A princípio não era esse o nome escolhido, que seria Instituto Dirceu da Costa. Como esse empreendimento já existe no Plano Espiritual e apenas uma pequena extensão dele aqui na Terra, intuído e inspirado pelos Mentores e Seres de Luz, recebi a sugestão do próprio mentor.

A conversa foi mais ou menos esta:

"Ao invés de me homenagear como Dirceu da Costa, preto velho e um de seus mentores também, porque não Sofia Higa, que foi minha última encarnação e é o que mais nos aproxima e nos identifica?".

Confesso que não sei explicar até hoje como o Instituto Sofia Higa se concretizou.

Lembro-me de que no final de dezembro de 2013, até então atendia em uma sala à Rua Itapigi, 178 - 1º andar, na Vila Prudente também, sobreloja do Shangai Magazine, e já estava pensando em um espaço maior, a fim de poder oferecer às pessoas mais opções: além dos atendimentos, um local onde pudesse dar cursos e palestras.

O local onde o Instituto está instalado é a casa do amigo e compadre Sergio Miyagi. O imóvel estava à venda, mas um dia passei em frente e fiquei imaginando o espaço almejado. Algo dizia que ali seria o local ideal a formatar.

Falei com o Sérgio sobre a possibilidade de locação e ele me disse que havia uma pessoa interessada na compra do imóvel e que, caso não conseguisse vender até o final do ano, entraria em contato assim que se iniciasse o ano, pois havia quatro anos que estava tentando vendê-lo.

Dito e feito, chega janeiro de 2014, ele me liga e me diz que aceita a proposta de locação. Como ambas as partes não estavam com pressa em relação à ocupação/desocupação do imóvel, até o início de março de 2014 estava tudo na mesma. Daí vem as desculpas de que é início de ano, carnaval, e assim foi... Como estava sem verbas para iniciar o investimento, a situação foi se enrolando até o final do mês.

Eis que peguei uma gripe em um final de semana. Acordei em plena terça-feira com febre alta e assim que tentei sair do banheiro, desmaiei. Não preciso nem dizer o desespero da Regina, que pensou que eu estivesse tendo um infarto, um AVC ou coisa do tipo. Já estava ligando para o SAMU... quando eu me levanto, digo que está tudo bem e... desmaio novamente!

Confesso que dessa segunda vez fiquei esperto. Será que era somente um desmaio ou algo mais grave estava ocorrendo? Logo me veio um recado (um "puxão" de orelha, na verdade!) dos mentores, não sei qual deles, esclarecendo tudo:

"Não está acontecendo nada. Sossegue. É apenas um alerta de que estamos prontos para trabalhar e você nem inaugurou o Instituto ainda!

Vai ser preciso te derrubar na cama, é isso?

As coisas não funcionam como vocês querem. É conforme o nosso comando!

Trate de agilizar aí embaixo, pois não temos tempo a perder!".

Claro que não foram exatamente essas palavras, apenas o contexto, mas foi tudo de maneira clara, objetiva e amorosa!

No dia seguinte comecei a correr atrás de tudo e em 30 dias o imóvel estava pronto. Era só levar a mudança e mãos à obra.

Um fato marcante e inesquecível até agora aconteceu em um de nossos encontros do grupo de IINP (Investigação do Inconsciente Não Pessoal), já no instituto.

Até então, as nossas reuniões eram realizadas no Espaço Cyda Godoy, no Tatuapé, da nossa colega do mesmo nome, que nos ofereceu o local até o mês de junho. Por motivos de força maior tivemos que mudar o local dos encontros, mas somos gratos à Cyda Godoy!

Estávamos reunidos e atendíamos a três solicitações por encontro. Fizemos o sorteio da ordem de realização das IINPs, e na primeira do dia, para agradável surpresa, Sofia se manifesta na Investigação do Inconsciente e nos mostra uma vida passada em que era nossa filha também, com sete anos de idade, e que desencarna na piscina da mansão onde morávamos, parecia ser na Europa, numa época medieval, durante uma festa familiar. Ela disse que estava em paz, apesar dos pais estarem sofrendo, e que a história se repetira como Sofia, em uma família oriental, para aprendermos a lidar com o desapego e a conexão com a Espiritualidade através dos antepassados, aspecto muito presente na cultura da nossa atual "casca".

Ela deu boas-vindas ao espaço, local muito bem amparado, protegido e resguardado pela Espiritualidade, e que a partir de então o nosso grupo teria a missão de atender somente a solicitações de crianças e adolescentes até 17 anos.

Capítulo 14

A MISSÃO DA ALMA

Como descobrir qual a missão de nossa alma nesta encarnação?

Eis a pergunta para a qual muitas pessoas ainda não encontraram a resposta, inclusive eu também, mas graças ao auxílio da Psicoterapia Reencarnacionista e da Espiritualidade, através de terapias e conceitos citados nesta obra, estamos no caminho da evolução, pois somos LUZ, apenas nos esquecemos!

Acredito que cada um vai encontrar a sua resposta conforme o "andar da carruagem", dentro dos propósitos reencarnatórios de cada Espírito.

A grande maioria de nós, encarnados nesta vida, deixamo-nos levar por fatores externos, com a atual sociedade ditando as regras, como estar sempre atualizados com os acontecimentos e avanços tecnológicos, tempo é dinheiro, tudo é para ontem, pois, para agora, já se está atrasado! Coisas do mundo ocidental e capitalista ao qual pertence o nosso país. Mas se entrarmos na onda deste ritmo maluco e desenfreado estaremos fadados ao fracasso em relação à Missão da Alma.

É óbvio que temos de nos atualizar, pois a vida é um movimento dinâmico, constante e transformador, e o que é absoluto e coerente hoje daqui um tempo pode não estar mais valendo, já que estará ultrapassado e inconveniente. Exemplos que cabem nessa colocação são as máquinas de escrever, aparelhos de telex, telegramas, bips etc., que foram substituídos por computadores, celulares e outros acessórios tecnológicos. Se ficarmos estáticos, achando que estamos seguros e firmes dentro da nossa zona de conforto, estaremos ultrapassados, principalmente no campo profissional, área em que a concorrência é acirrada.

Observamos em anúncios de classificados de emprego para um cargo de estagiário, por exemplo, a exigência de além de estar cursando a faculdade ter, no mínimo, dois idiomas fluentes, experiência na área, idade mínima de 24 anos, possuir veículo próprio etc. Daí vem a questão: como um universitário comum irá concorrer a uma vaga dessas, possuir todos os requisitos com tão pouca idade? Se formos analisar como cidadãos normais de classe média seria humanamente impossível.

Isso explica a atual juventude, na qual a infância foi sacrificada com cursos e cursos: inglês, espanhol, alemão, judô, natação, balé, kumon, piano, violão, catecismo etc., para a criança ser super qualificada a fim de se tornar um profissional com futuro promissor. Infelizmente, muitos pais estão educando seus filhos nesse padrão, mas tudo não passa de uma grande armadilha imposta pela sociedade. Quanto mais o indivíduo quer adquirir conhecimento num curto espaço de tempo, menos ele aprende.

A mídia tem papel fundamental nesse agravante, cujo objetivo principal é despejar várias informações – sendo 95% inúteis – a todo instante, fazendo com que o foco seja desviado e não se aprenda nada. Resumindo, quanto menos conhecimento, mais fácil de manipular as pessoas.

A solução seria não corrermos tanto e nem ficarmos parados, vendo a vida passar.

O que vale é definirmos um caminho e seguirmos em frente, sendo a direção, o passo a passo da caminhada, muito mais importante do que a velocidade com a qual se vai chegar. Daí vem aquele velho ditado: "A pressa é inimiga da perfeição".

Que cada leitor encontre a sua Missão de Alma, o que nada mais é do que colocar o Espírito sobre o comando do ego (ou persona), através da Espiritualidade, independente de religião; devemos sentir e agir mais, pensar e duvidar menos, eis o caminho.

Simples ou muito simples não significa fácil ou muito fácil, pois simples e fácil são coisas totalmente distintas, e o fato de ser tão simples se torna complicado ao olhar do nosso ego!

Analise o que realmente lhe toca a alma e faça as escolhas dentro desse discernimento, ou seja, sinta mais e pense menos!

Para finalizar, segue texto de nossa irmã e companheira de jornada, Keila Linhares, e uma frase de Bruno J. Gimenes, fundador do Luz da Serra:

"Porém, o vazio despertado por não saber a qual a Missão às vezes se torna tão grande que parece muito mais fácil as pessoas se afundarem em remédios controlados do que enfrentarem as dores da alma que, na verdade, está gritando para que você faça o que nasceu para fazer.

Milhares de pessoas passam pela Terra e permanecem a vida toda sentindo a falta de algo que não sabem explicar, uma angústia, uma saudade, um vazio que jamais é preenchido, e muitos morrem sem descobrir que só o que precisavam saber era a sua Missão de Alma.

Mas quem consegue descobrir a Missão de Alma preenche esse vazio, não tem depressão, não alimenta vícios, aumenta a autoestima, vive em prosperidade e abundância, relaciona-se bem com seu mundo interno e com as pessoas, esbanja saúde, jovialidade, beleza, magnetismo, expande e atrai boas energias, vibra em alta frequência.

Isso porque a energia da Missão de Alma, depois de descoberta e posta em ação, tem a ação mais poderosa que existe no Universo para a transformação na vida de uma pessoa, para que se torne plena em sua passagem pela Terra e deixar o seu legado...".

"EU ACREDITO: QUANDO VOCÊ ENCONTRA A MISSÃO DA SUA ALMA, A PROSPERIDADE, A SAÚDE E A FELICIDADE ENCONTRAM VOCÊ!".

Gratidão e até a próxima obra!